蒙古语副词化短语结构研究

A Study on Mongolian Adverbialized Phrase Structure

苏日娜 著

中央民族大学出版社
China Minzu University Press

图书在版编目(CIP)数据

蒙古语副词化短语结构研究/苏日娜著.—北京:中央民族大学出版社,2023.2

ISBN 978-7-5660-2136-6

Ⅰ.①蒙…　Ⅱ.①苏…　Ⅲ.①蒙古语(中国少数民族语言)—副词—结构短语—研究　Ⅳ.①H212.4

中国版本图书馆 CIP 数据核字(2022)第 212333 号

蒙古语副词化短语结构研究

著　　者　苏日娜
策划编辑　舒　松
责任编辑　杨爱新
封面设计　舒刚卫
出版发行　中央民族大学出版社
　　　　　北京市海淀区中关村南大街 27 号　邮编:100081
　　　　　电话:(010)68472815(发行部)　传真:(010)68932751(发行部)
　　　　　　　(010)68932218(总编室)　　　(010)68932447(办公室)
经 销 者　全国各地新华书店
印 刷 厂　北京鑫宇图源印刷科技有限公司
开　　本　787mm×1092mm　1/16　印张:11.625
字　　数　190 千字
版　　次　2023 年 2 月第 1 版　2023 年 2 月第 1 次印刷
书　　号　ISBN 978-7-5660-2136-6
定　　价　68.00 元

序

苏日娜的博士论文《生成语法框架内的现代蒙古语副词化短语研究》早在2010年就顺利通过答辩并获得博士学位。毕业后她一直在国家部委机关从事行政管理工作，没想到，她这些年仍保留对语言学研究的热爱，将生成语法理论应用到蒙古语研究的热情未减，在百忙中抽出时间对其博士毕业论文进行修改和完善，使其达到出版水平。作为她的导师，我深感欣慰。这是一件有益于语言学及应用语言学研究发展的好事，我全力支持《蒙古语副词化短语结构研究》这一专著的出版。

自半个多世纪前美国学者乔姆斯基生成语法理论问世以来，国外学者运用生成语法理论研究人类语言已经取得了丰硕的成果。但是，国内语言学界，尤其少数民族语言学界运用生成语法来研究、描写、解释本民族语言的人寥寥无几。一方面由于语言障碍，他们接触国外前沿理论的机会相对少；另一方面，在高校师资力量中，从事传统语法研究的多，但只有极少院校教师开设生成语法课程。苏日娜通过四年的博士课程较系统地掌握了生成语法理论并将其运用于蒙古语言研究领域实属不易。

我们正处在高度信息化、人工智能化的时代。蒙古语等少数民族语言研究的信息化需要找准切入点，加快推进信息化进程，早日插上信息化的翅膀，助力语言学研究的发展。我相信，这本书的出版将有助于多角度、多视角研究蒙古语本体，同时能推进语言信息化工作的加深。

2022年10月于北京

前　言

语言文字是人类交流的工具，是文化传承的载体，是治国理政的重器。蒙古语是我国少数民族语言之一，党和国家历来高度重视蒙古语言文字的使用、发展、传承和保护。著者是一名出生在呼伦贝尔大草原上的蒙古族，从小学开始便在本民族语言的熏陶下成长，深深热爱自己的民族语言文字，从 1996 年上大学至 2010 年博士研究生毕业，一直主修语言学及应用语言学专业，致力于蒙古语言文字研究 20 余年。

通过史论比较研究发现，在传统语法上语言学界认为蒙古语副动词是蒙古语动词的形态变化问题，侧重在词法层面对蒙古语副动词进行解释和研究，对蒙古语副动词的分类、特征和功能分析等方面的研究取得了一定成果，但在句法层面尚存在一些解释不通的难题。著者在老一辈蒙古语言学家们研究的基础上，首次将乔姆斯基的生成语法理论研究框架应用到现代蒙古语副动词的研究上来，提出蒙古语构成副动词的副词化成分并不是单个动词的形态变化问题，它除了传统语法所说的可以连接两个动词构成复合动词、连接动词与助动词表现“体”的功能外，还有使动词短语副词化的功能，开创性地提出“蒙古语副词化短语概念”并从句法功能上对其进行解释和研究。

生成语法是 20 世纪 50 年代后期由美国著名语言学家乔姆斯基创立的现代语言学流派。生成语法具有较强的解释力，大多数句法学家以此为研究工具，取得了丰硕的研究成果。著者自 2006 年师从力提甫·托乎提教授学习生成语法以来，对生成语法产生了浓厚的兴趣，也认识到基于印欧语言发展起来的传统语法研究蒙古语句法问题存在一些弊端，如果借鉴生成语法理论框架进行研究，传统蒙古语的一些词法（包括副动词）的难解问题就能够在句法上迎刃而解。从应用语言学着重解决现实当中的实际问题的角度讲，运用更加科学合理的语言学研究方式方法研究语言实际问题确实必要也较为合适。

鉴于传统语法重词法轻句法的理论束缚，蒙古语“副动词”问题一直没能得到很好的解释，将其某些句法功能错误地在词法部分解释。著者认为，任何词法研究要以句法研究为前提，词的作用是在句子当中的作用，词的变化是在句子中的变化，词的意义在句子中才会显出。无论是语类研究还是传统语法的词类研究都应在句法研究的基础上进行才对，不能独立于句法。本书在生成语法框架内对蒙古语“副动词”现象做了较科学的描写和句法解释，解决了以往蒙古语“副动词”解释自相矛盾的情况，希望对蒙古语言学的发展有所裨益。

本书初稿早在2010年已成形，但由于工作繁忙等诸多原因迟迟未能出版。著者一直没有放弃这方面的研究与相关资料的收集工作，在十多年的沉淀与修改完善的基础上终于得以出版问世。本书的出版问世既是我的蒙古语研究的阶段性总结，也是我的语言研究生涯的又一起点，希望对蒙古语研究学界有所助益。

苏日娜　于北京

2022年10月12日

本书转写符号及缩略语

一、转写符号

本书蒙古语拉丁文转写有以下特点：

（一）整个转写主要基于清格尔泰教授《蒙古语语法》（1992）一书中的转写法。如：a、e、i、o、u、ö、ü、n、ng、b、p、q、k、γ、g、l、m、s、š、t、d、č、ǰ、y、r、w、f、k、h、lh、dz、ts、zh、ch、sh、rh。

（二）词尾与上一个音节分开写的 a、e 用《蒙汉词典》（2008）的下标法表示。这种转写法有利于分辨音节和后缀词的区别。即，ᠠᠬ᠎ᠠ（哥哥）本书将采用 aq_ a 转写法。如：aq_ a-yin（哥哥的）、aq_ a-bar（让哥哥）等。

（三）根据 N. Poppe（1954），蒙古语元音（i），用于元音“a，e，o，u”后面的“ᠢ”形，用 ayi、eyi、oyi、uyi 来表示。这种转写法可以避免有些单词的拉丁文转写相互混淆的问题。如：ayimaγ（ᠠᠶᠢᠮᠠᠭ），eyimü（ᠡᠶᠢᠮᠦ），oyirad（ᠣᠶᠢᠷᠠᠳ），uyidqar（ᠤᠶᠢᠳᠬᠠᠷ）等。但是在“sayiqan/好（ᠰᠠᠶᠢᠬᠠᠨ）”和“saYiqan/刚刚（ᠰᠠᠶ᠋ᠢᠬᠠᠨ）”的情况下，为了区别“ᠢ”和“ᠶ”，“ᠶ”的辅音“y”，用大写字母“Y”表示。

（四）根据确精扎布、栗林均《『元朝秘史』モンゴル語全単語・語尾索引》（2001）一书，在所有的动词词干和动词活用词缀中间用等号（=）隔开，且在连接元音的前后都用等号隔开。如：ᠶᠠᠪᠤᠵᠤ yabu=ǰu、ᠭᠠᠷᠤᠨ γar=u=n 等。

二、缩略语全称及其汉语实义表

序号	功能分类	缩写符号	全称	汉语实义
1	单词语类	N	noun	名词
2		V	verb	动词
3		ADJ	adjective	形容词
4		ADV	adverb	副词
5		PREP	preposition	介词
6		DET	determiner	限定词
7		ADJ	adjunct	附加语
8		CONJ	conjunction	连词
9		PRON	pronoun	代词
10		NUM	numeral word	数词
11		QUAN	quantifier	量词
12		AUX	auxiliary	助动词
13		COMP	complementizer	标句词
14		COP	copula	系词
15	功能语类	SUBZ	substantiviser	静词化成分
16		ADVL	adverbializer	副词化成分
17		ADJL	adjectivalizer	形容词化成分
18		NOML	nominalizer	名词化成分
19		I	inflectional	屈折成分
20	短语语类	P	phrase	短语
21		KP	kasus phrase	格短语
22		NP	noun phrase	名词短语
23		VP	verbal phrase	动词短语
24		AP	adjective phrase	形容词短语
25		ADVP	adverb phrase	副词短语

续表

序号	功能分类	缩写符号	全称	汉语实义
26	短语语类	ADVLP	adverbialized phrase	副词化短语
27		ADJLP	adjectivalized phrase	形容词化短语
28		NOMLP	nominalized phrase	名词化短语
29		PP	preposition phrase	介词短语
30		IP	inflectional phrase	屈折短语
31	格	K	kasus（德语）	格
32		NOM	nominative case	主格
33		GEN	genitive case	领属
34		ALL	allative	向格
35		ABL	ablative case	从比格
36		ACC	accusative case	宾格
37		LOC	locative case	向位格
38		INSTR	instrumental case	凭借格
39		COMIT	comitative	和同格
40	人称和数	1st	1st person	第一人称
41		2nd	2nd person	第二人称
42		3rd	3rd person	第三人称
43		RPOS	reflexive possessive	反身领属
44		PL	plural	复数
45	时	PRES	present tense	现在时
46		PST	past tense	过去时
47		BOUT	boundary tense	界限时
48		FUT	future tense	将来时
49	式或语气	MOOD	mood	语气标记
50		IMP	imperative	祈使式
51		NEG	negative	否定标记
52		EMPH	emphasis mood	强调语气

续表

序号	功能分类	缩写符号	全称	汉语实义
53	式或语气	Q	question	疑问标记
54		DECL	declare	陈述语气
55	体	ASP	aspect	体
56		PROS	prospective	将行体
57		PERF	perfect	完成体
58		CONT	continuative	持续体
59		ITE	iterative	反复体
60		TEMR	terminative	终止体
61		CSM	change of state	状态变化（标记）
62		HAB	habitual	惯常体
63		CPL	completive	结束体
64		GRA	gradients	渐变体
65		DUR	durative	延续体
66		PROG	progressive	进行体
67		INCEP	inceptive	起始体
68	态	VOI	voice	态
69		PASS	passive	被动态
70		CAUS	causative	使动态
71	其他	S	sentence	句子
72		MODAL	modality	情态

三、例句使用情况

本书引用的他人著作中的语言材料，原则上不作更动，按原文音标转引。其他语料主要引自布仁特古斯的作品《ᠳᠡᠯᠭᠡᠷ ᠬᠠᠩᠭᠠᠢ delger qangγai》。

目　录

第一章　导　论

生成语法理论（亦称“转换–生成语法理论”）是美国著名语言学家诺姆·乔姆斯基（Noam Chomsky）于1957年在其专著《句法结构》（*Syntactic Structures*）一书中创建的关于语言能力天赋性和创造性的理论。生成语法理论创立伊始，极大地冲击了以莱纳德·布龙菲尔德（Leonard Bloomfield）为代表的美国描写语言学派，为语言学界带来新的活力，其影响力遍布世界。生成语法理论不仅获得语言学界的高度评价，而且在心理学、哲学、逻辑学等诸多学科领域引起了学者们的普遍关注。早在1978年，我国语言学界学者相继将生成语法理论引入中国，但主要还停留在介绍理论、让国内语言学界了解生成语法的阶段。徐烈炯教授1988年出版的《生成语法理论》是我国第一部介绍生成语法理论的著作。此外，还有冯志伟《现代语言学流派》（1987）、胡明杨《西方语言学名著选读》（1988）、赵世开《国外语言学概论》（1990）、徐烈炯《语义学》（1990）、方立《美国理论语言学研究》（1993）等著作对生成语法理论进行了介绍和评论。在运用生成语法理论研究汉语方面影响较大的有沈阳《现代汉语空语类研究》（1993）、徐烈炯《共性与个性——汉语语言学中的争议》（1999）、徐杰《普遍语法原则与汉语语法现象》（2001）等。总之，我国语言学界将生成语法理论应用于汉语研究相对较晚，更不用说将其应用到蒙古语、维吾尔语等少数民族语言的研究。2001年，我国著名阿尔泰语言学家力提甫·托乎提教授的《维吾尔语及其他阿尔泰语言的生成句法研究》一书问世，终于打破了这种局面，将生成语法理论较好地应用于维吾尔语等阿尔泰语言的研究中。

力提甫·托乎提教授的《维吾尔语及其他阿尔泰语言的生成句法研究》从生成语法的角度结合维吾尔语、蒙古语等阿尔泰语言自身的特点，第一次提出了维吾尔语、蒙古语等语言有静词化成分 SUBSZ（substantivizer），即有名词化成分、形容词化成分和副词化成分等功能语类。[①] 静词化概念的提出解决了维吾尔语和蒙古语等语言在以往的语法研究中所谓的动名词、形动词、副动词等结构同时充当两个词类角色的不合理解释，即所谓“动名词”既有名词的性质又有动词的性质；“副动词”既有副词的性质又有动词的性质；“形动词”既有形容词的性质又有动词的性质。细而言之，作为动词，它们在一个句子里可以支配前面的宾语或状语；而作为名词、副词和形容词，它们又可以起相应成分能起的作用。这样的解释显然前后矛盾，不能把问题解释清楚。

蒙古语和维吾尔语都属于粘着型语言，句法关系都可用不同的附加成分的相加来表示，层次关系较复杂，但很有规律。力提甫·托乎提教授首次应用生成语法树状图来清晰地表示维吾尔语、蒙古语两种语言的名词化成分、形容词化成分和副词化成分在句子中的句法层次关系，避免了一个词有两种“词性”的不合理现象。

著者从生成语法框架内的维吾尔语静词化成分的研究得到启发，希望通过运用生成语法来解释现代蒙古语副动词问题。在以往的蒙古语语法著作中，蒙古语副动词作为动词形态变化的一种形式被学者们进行过专门的研究，但只是停留在分类和讨论构成过程的层面。本书认为，蒙古语副词化成分并不是只出现在单个动词的外围，既不是动词本身的副词化，也不是动词的形态变化，而是出现在整个动词短语的外围，是整个动词短语的副词化，即动词短语与副词化成分结合后构成了副词化短语。因而，这一副词化短语作为一个整体参与更大结构的构成，并不存在前面像动词、后面像副词的可能性。有鉴于此，本书结合近十年来蒙古语副动词及其相关最新研究成果，通过生成语法理论及其惯用的树状图（tree diagram）等手段，重新定义蒙古语副动词结构，对蒙古语副词化短语结构进行深入细致的剖析，从而达到较为科学合理地描写和解释的目的，以期对蒙古语语法理论研究有所裨益。

① 力提甫·托乎提．维吾尔语及其他阿尔泰语言的生成句法研究［M］．北京：民族出版社，2001.

第一节　研究目的及其意义

一、研究目的

蒙古语的发展和研究有着悠久历史，大体可以分为三个阶段。13—16 世纪为中古蒙古语，主要文献资料有《蒙古秘史》《华夷译语》、八思巴字书写的碑文等。17—19 世纪为近代蒙古语，主要文献资料和研究成果有《ᠠᠯᠲᠠᠨ ᠬᠠᠭᠠᠨ ᠤ ᠲᠤᠭᠤᠵᠢ altan qaγan－u tuγuǰi》《ᠡᠷᠳᠡᠨᠢ ᠶᠢᠨ ᠲᠣᠪᠴᠢ erdeni－yin tobči》《ᠣᠭᠲᠠᠷᠭᠤᠢ ᠶᠢᠨ ᠮᠠᠨᠢ oγtarγui-yin mani》等 。19 世纪 30 年代施密特出版《蒙古语语法书》以来，蒙古语的发展研究又进入了一个新时代。1949 年 10 月 1 日中华人民共和国成立后的现行书面蒙古语言和口头蒙古语言，一般称之为现代蒙古语。[①] 本书所要研究的蒙古语特指中华人民共和国成立以来的现代蒙古语。1949 年以来，最早出版的蒙古语语法书是清格尔泰教授的《蒙文文法》（1949），该书用现代语言学方法描写了蒙古语，将我国蒙古语研究推向了新的历史时期。自此之后，国内外陆续有不少蒙古语研究著作问世，蒙古语的研究也取得了很多成就，但至今仍然存在一些待解决和研究不够彻底的问题。本书以蒙古语学界长期以来未能彻底解决的问题——蒙古语“副动词”这一自相矛盾的动词类为研究对象，拟在学界前辈对蒙古语副动词已有研究的基础上，尝试通过乔姆斯基生成语法理论对蒙古语副动词的结构特征进行创新性研究，从而提出“现代蒙古语副词化短语”概念，对其进行全面、系统的描写，分析和解释现代蒙古语副词化短语的结构和特点，进而深入地研究现代蒙古语副词化短语的构造特征。

传统语法理论认为，蒙古语动词形态变化根据其词尾变化可以分为式动词、副动词和形动词三种。“副动词”是动词的连接形式，相当于静词类的格的形式。“副动词”下面只能连接动词。公认的“副动词”连接形有“-JU、-GAD、-N、-MAGJA、-KULAR，-KUL_A-BAN、-MANJIN，-MAN、-BAL、-TAL_A、

① 清格尔泰．蒙古语语法［M］．呼和浩特：内蒙古人民出版社，1992.

-KAR,-KUY_A、-NGG_A-BAN，-NGGUTA、-GSAGAR”等 12 种，并将其特点总结如下：

1. 单纯连接副词化成分①有连接两个动词构成复合动词的功能。如：

（1）a. ükü②=**ǰü**③ sege=kü（生死）；

b. kele=**ged** ǰaki=gad（叮嘱）；

c. ǰokiya=**n** bayiγul=qu（组织）等。

单纯连接副词化成分一般包括并列副词化成分（-ǰu/-ǰü；-ču/-čü）、先行副词化成分（-γad/-ged）和联合副词化成分（-n）。这些副词化成分有时只起到连接两个动词的作用，从而使这两个动词合并为一体，并表达一种意义。

详言之就是指两个词由单纯连接副词化成分连接构成了复合动词。在这里，单纯连接副词化成分起到的只是连接作用，连接所构成的复合动词是词法问题，不属于句法问题。因此，此时的单纯连接副词化成分的连接作用也应属于词法问题。

2. 单纯连接副词化成分和混合连接副词化成分与助动词连接，或者重复连接副词化成分的动词的形式可以表现体的意义。如：

（2）a.

yabu=**ǰu** bayi=n_a. /正走着（正在进行体）；

走　　在

b.

üǰe=**gseger** bayi=n_a. /一直看着（持续体）；

看　　在

c.

sana=**n** sana=**n**. /想了又想（重复体）等。

想　　想

这种表现体的情况与上面所提到的副词化成分的连接作用不同。如：yabu=ǰu bayi=n_a 可以分为两部分考虑。

第一步［…yabu-］+（-**ǰu**）

---

① 本书把以往蒙古语语法中构成副动词的“-JU，-GAD…”等成分称为副词化成分。

② 本书的转写规则在前言有详细介绍。

③ 加粗体表示副词化成分。

本书认为副词化成分“-ǰu”添加在短语“［…yabu］”上具有副词化整个短语的功能。

第二步［…yabu-］+（**-ǰu**）+ bayi = n_a

在长期的使用过程当中，（**-ǰu**）+ bayi 已经成为一体，表现动作的“正在进行体”意义，即“-ǰu”已失去了副词化功能。

以上两种功能，即副词化成分连接两个动词构成复合动词的功能和连接助动词表现“体”的功能，传统语法研究已经讨论过，并且有详细解说。但我们认为，这两种功能并不都是副词化成分的句法功能，前一个功能应属于词法问题，后一个功能应属于句法问题。除以上两种功能外，我们认为副词化成分还有第三种功能。

3. 副词化成分附加在动词短语上构成副词化短语。如：

（3）a. ᠪᠠᠲᠤ　ᠨᠣᠮ　ᠦᠵᠡᠨ　ᠰᠠᠭᠤᠨ᠎ᠠ

batu　nom　üǰe = **n**　saγu = n_a.（巴图坐着看书）

巴图　书　看　坐

［batu　nom　üǰe-］（动词短语）+［-**n**］（副词化成分）

→［batu nom üǰe = **n**］（副词化短语）

b. ᠲᠩᠷᠢ　ᠳᠠᠭᠤᠭᠠᠷᠠᠭᠠᠳ　ᠪᠣᠷᠤᠭᠠᠨ　ᠣᠷᠤᠪᠠ

tngri　duuγara = **γad**　boruγan　oru = ba.（打雷下雨了）

天　响　雨　下

［tngri　duuγara-］（动词短语）+［-**γad**］（副词化成分）

→［tngri　duuγara = **γad**］（副词化短语）

鉴于此，本著作以蒙古语副词化短语为研究对象，深入阐析蒙古语副词化成分附加在动词短语上构成副词化短语的过程和内部句法结构。

二、研究意义

现代蒙古语副词化短语研究在蒙古语语法研究中仍是一块有待开垦的处女地，尽管它在句法研究中地位显要，但至今仅有为数不多的学者对其进行研究，且仅仅停留在对蒙古语副动词浅层介绍层面，仍未对其深层的句法结构和功能进行研究。因此，在生成语法框架内，研究蒙古语副词化短语具有重大的理论意义和现实意义。

其一，理论意义方面，在生成语法框架内研究蒙古语副词化短语有助于解决传统语法中词法和句法分析中的矛盾现象，较为合理地对副词化成分的句法功能进行分析，进而提出蒙古语“副词化成分”“副词化短语”概念。这样对更加深入地研究蒙古语语法范畴的内涵、确定语法范畴的外延等都有重要意义。本书突破了传统语法中词法与句法界限的束缚，总结归纳分析蒙古语副词化短语的句法结构和功能，填补国内无人运用生成语法理论研究蒙古语副词化短语的空白，具有重要的理论意义。

其二，现实意义方面，“副词化成分”和“副词化短语”的提出与运用可以解决以下几个问题：

1. 蒙古语副动词不再“身兼二职”。传统蒙古语语法认为，副动词既有副词性质，又有动词性质。因其有副词性质，它可以修饰动词；因其有动词性质，它又可以支配前面的状语或宾语。但是副动词是有副词性质的词，说一个带有副词性质的词能支配宾语和状语在任何语言中都是不可能的。本书认为，传统语法所谓的“副动词”的副词性质是指后缀如“-ǰu”等的语法功能，动词性质是指词干“üǰe-”等的语法功能，动词性质和副词性质应分开讨论，是两个不同层面的语法问题。如：

（4）a. ᠪᠠᠲᠤ ᠨᠣᠮ ᠦᠵᠡᠵᠦ ᠰᠠᠭᠤᠨ᠎ᠠ

batu nom üǰe=**ǰü** saɣu=n_a.

巴图 书 看 坐

巴图坐着看书。

b. ᠪᠠᠲᠤ ᠨᠣᠮ ᠦᠵᠡᠮᠡᠭᠴᠡ ᠲᠡᠷᠡ ᠬᠦᠮᠦᠨ ᠢᠷᠡᠪᠡ

batu nom üǰe=**megče** tere kömün ire=be.

巴图 书 看 那 人 来了

巴图刚看书（他）就来了。

c. ᠪᠠᠲᠤ ᠨᠣᠮ ᠦᠵᠡᠪᠡᠯ ᠮᠡᠳᠡᠨ᠎ᠡ

batu nom üǰe=**bel** mede=n_e.

巴图 书 看 知道

巴图看书就能知道。

d. ᠪᠠᠲᠤ ᠨᠣᠮ ᠦᠵᠡᠭᠰᠡᠭᠡᠷ ᠨᠣᠶᠢᠷ ᠬᠦᠷᠦᠨ᠎ᠡ

batu nom üǰe=**gseger** noyir kür=ü=n_e.

巴图 书 看 睡觉

巴图一看书就打瞌睡。

传统蒙古语语法研究普遍认为，在上述例句中，副动词“üǰe =**ǰü**、üǰe = **megče**、üǰe = **bel**、üǰe = **gseger**”在支配宾语“nom”，同时也修饰后面的动词“saγu=n_a（坐）、ire=be（来）、mede=n_e（知道）、unta=n_a（睡觉）”等。“üǰe =**ǰü**”等副动词支配宾语时起到动词的作用，但是修饰动词时又起到副词的作用。我们可以概括如下：

（5）batu nom **üǰe**- + { -**ǰü**（并列副词化成分）; -**megče**（立刻副词化成分）; -**bel**（假定副词化成分）; -**gseger**（延续副词化成分）; ⋮ }

巴图 书 看

基础部分“batu nom üǰe-”里“üǰe-”在支配“nom”，而“nom üǰe-”与“batu”合并后构成了“batu nom üǰe-”这一动词短语，其意义是“巴图看书”，附加了后面的四种副词化成分后，其表达的意思有了新的变化。即：

（6）a. ᠪᠠᠲᠤ ᠨᠣᠮ ᠦᠵᠡᠵᠦ batu nom üǰe=ǰü /巴图看着书

b. ᠪᠠᠲᠤ ᠨᠣᠮ ᠦᠵᠡᠮᠡᠭᠴᠡ batu nom üǰe=megče /巴图一看书就

c. ᠪᠠᠲᠤ ᠨᠣᠮ ᠦᠵᠡᠪᠡᠯ batu nom üǰe=bel /巴图看书的话

d. ᠪᠠᠲᠤ ᠨᠣᠮ ᠦᠵᠡᠭᠰᠡᠭᠡᠷ batu nom üǰe=gseger /巴图一直在看书

很显然，新增加的语法意义是因为附加了副词化成分“-ǰu，-megče，-bel，-gseger”等后增加的，它不仅给动词带来新的语法意义，也给整个句子带来了新的语法意义，也就是这种语法意义应该是贯穿全句的。附加副词化成分后动词支配“nom”的性质并没有发生变化，仍然是动词词干“üǰe”在支配“nom”，而不是所谓“副动词”“üǰe =**ǰü**、üǰe = **megče**、üǰe = **bel**、üǰe = **gseger**”在支配“nom”。因此，我们可以推导出，副词化成分“-ǰu，-megče，-bel，-gseger”是附加在整个动词短语“batu nom üǰe-”上，副词化成分“-ǰu，-megče，-bel，

-gseger”在支配整个动词短语“batu nom üǰe-”，它们附加在动词短语上，使其副词化。

动词词干“üǰe”上还可以使用其他更多的副词化成分（-ged，-n，-tel_e…）或者形容词化成分（-kü，-gsen，-deg…），但是动词的支配功能是不变的。也就是不能因为这些成分是附加在动词词干上，与动词连接书写，而简单认为，这是动词的词法问题。其实，这类问题应该是在句法中考虑的问题。这也是阿尔泰语言的一大特点，因为传统语法对于“副动词”的分析不到位，所以在句法层次描写里也看不到任何可以论证这种说法的层次关系图。如：

(7)

abu ni keüked-ün-iyen daγara=ǰu bayi=qu-yi üǰe=ged γadar debel-iyen

父亲 孩子 冷着 在 看 外套

tayil=ǰu emüsge=n_e.①/父亲看见孩子冷，就脱下外套给他穿。

脱下 给穿

“üǰe=ged”是复合句中的副动词，它既可以支配前面的宾语“abu ni keüked-ün-iyen daγara=ǰu bayi=qu-yi”，也可以修饰后面的谓语“emüsge=n_e”。它的句法层次关系图为：

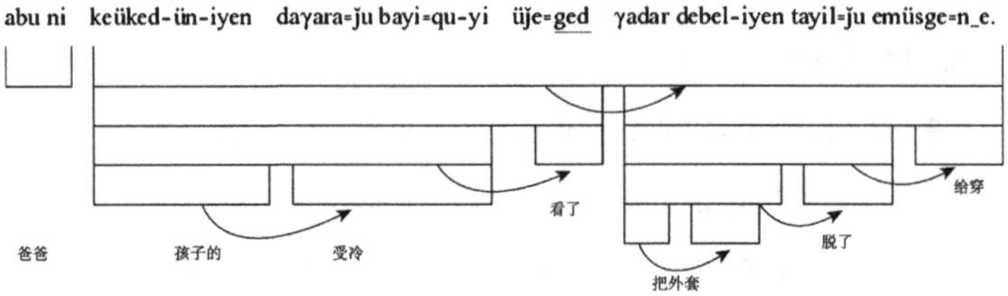

图 1

这种句法层次关系图没有真正把副动词的解释表示清楚。本书认为，按照传统语法对所谓“副动词”的解释，他们应该把例（7）的结构层次关系表现为图2才对。

① 清格尔泰. 蒙古语语法［M］. 呼和浩特：内蒙古人民出版社，1992：563.

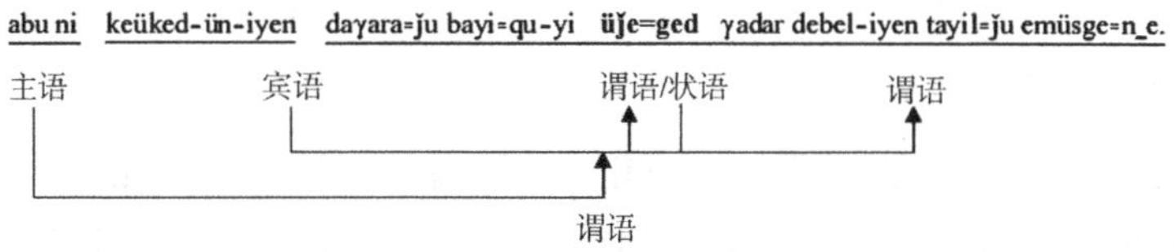

图 2

①“abu ni”和“keüked-ün-iyen daɣara=ǰu bayi=qu-yi üǰe=ged ɣadar debel-iyen tayil=ǰu emüsge=n_e”是主谓关系。

②宾语“keüked-ün-iyen daɣara=ǰu bayi=qu-yi”与谓语“üǰe=ged”是支配与被支配的关系。

③状语“üǰe=ged”与谓语“ɣadar debel-iyen tayil=ǰu emüsge=n_e”又是另一组支配与被支配的关系。

图 2 清楚地表现了传统语法中副动词既有副词的性质又有动词的性质的特点，但任何一本蒙古语语法书中都找不到这样的图示，也就是说副动词解释没有得到论证。生成语法在构形成分层面取消了词法和句法的界限，把构形成分都看作句法成分，这样不但副动词的问题可以解决，包含副词化成分的复合句的句法层次问题也能迎刃而解。尤其像图 2 中把 üǰe=ged 这样的形式作为双重特性的副动词结构来解释的错误做法得到纠正。

2. 包含副动词的句子并不是传统意义上的复合句。

在传统蒙古语语法中，“-JU，-GAD”等附加成分连接在动词上构成副动词；在词法里的动词部分，也相应地提到它们的分类、构成和语法特征。但在实际运用中，这些副词化成分参与下列例句的组成“tngri duuɣar=ču boruɣan oru=ba/打雷下雨；qota ɣar=u=ɣad qubčasu ab=u=ba/上街买衣服”时，传统语法又认为“tngri duuɣar =ču”“qota ɣar=u=ɣad”是复合句中的简单句①，或认为是复合句中的体述关系结构②。这种解释使包含副词化成分的部分被认为是个分句，“副词化成分”构成了分句，“副动词”解释又涉及句法问题。

上述矛盾的现象用生成语法来解释则得心应手，生成语法把词法和句法的界限重新划分，把构形成分看作是句法成分。事实上，蒙古语若没有构形成分的参

① 特图克．蒙古语基本语法范畴［J］．内蒙古民族师院学报（哲社版），1997（2）．

② 清格尔泰．蒙古语语法［M］．呼和浩特：内蒙古人民出版社，1992．

与，词和词相结合构成词组和句子是不可能的，而词组和句子的构成是句法问题，不是词法问题。

传统蒙古语语法研究一直认为，句子是最高级句法单位，由词和词组构成，并从结构上把它划分为简单句和复合句。显然，这是把简单句和复合句看作句中两种不同类别。另一方面，又认为复合句是由两个或两个以上简单句组合而成的，这实际上是把复合句又看作高于简单句的另一个句法单位。副词化短语的提出可以解决上述理论中前后矛盾的问题。如：

（8） a. 

tngri duuγara = γad, boruγan oru = ba. /打雷后下雨了。

天 响 雨 下

b. 

batu örlüge bos = ču, niγur–iyan ukiya = ǰu, sidü–ben šuwasada = ǰu,

巴图 早上 起来 把脸 洗 把牙 刷

qoγula–ban ide = ged, surγaγuli–daγan yabu = ba. /

把饭 吃了 向学校 去

巴图早上起床，洗了脸、刷了牙、吃了饭之后去了学校。

例（8）的 a 可以分为①tngri duuγar = u = n_a.（打雷）和②boruγan oru = n_a.（下雨）两个句子。在句子①中，名词“tngri”与动词“duuγar–”是主谓关系，同样，句子②的名词“boruγan”和动词“oru–”也是主谓关系。如果要合并两个句子，可以用副词化成分连接两个句子。如：

tngri duuγar+

- -γad → tngri duuγara=γad boruγan oru=n_a. （1）边打雷边下雨。（2）打雷后下雨。
- -ču → tngri duuγar=ču boruγan oru=n_a./边打雷边下雨。
- -maγča → tngri duuγar=maγča boruγan oru=n_a./一打雷就下雨。
- -bal → tngri duuγar=bal boruγan oru=n_a./打雷的话下雨。
- -manǰin → tngri duuγar=manǰin boruγan oru=n_a./只有打雷了才下雨。
- ⋮ ⋮

从上述例句中可以看出，名词“tngri”与动词“duuγar-”仍然是主谓关系，动词“duuγar-”与副词化成分“-γad，-ču，-maγča，-bal，-manǰin…”连接后，它们的主谓关系并没有发生变化，有变化的是“tngri duuγar-”不再是一个完整的句子，而是动词短语。也就是并不像传统语法所说的“duuγara=γad，duuγar=ču，duuγar=maγča，duuγar=bal，duuγar=manǰin…”是副动词。副词化成分“-γad，-ču，-maγča，-bal，-manǰin…”与动词短语“tngri duuγar-”连接后，给整个动词短语“tngri duuγar-”增添了“……之后……；边……边……；一……就……；……的话……；只有……才……”等语法意义。在这里，副词化成分“-γad，-ču，-maγča，-bal，-manǰin…”支配了整个动词短语“tngri duuγar-”。而它们的相加，即“tngri duuγara=γad，tngri duuγar=ču”等又构成了副词化短语。

b. batu　örlüge　bos=ču，niγur-iyan　ukiya=ǰu，　sidü-ben　šuwasada=ǰu，qoγula-ban　ide=ged，surγaγuli-daγan　yabu=ba.

b的分析与上述a的分析基本一样，稍有不同的是b中有“örlüge　bos=ču；niγur-iyan　ukiya=ǰu；sidü-ben　šuwasada=ǰu；qoγula-ban　ide=ged”等四个副词化短语，而a只有一个副词化短语“tngri duuγara=γad”。

例（8）的a和b是传统蒙古语语法中所谓的复合句，但我们通过对副动词的分析发现，a中的“tngri　duuγara=γad”和b中“örlüge　bos=ču；niγur-iyan　ukiya=ǰu；sidü-ben šuwasada=ǰu；qoγula-ban ide=ged”等也都是副词化短语，并不是复合句当中的分句。这种句子中的副词化短语可以有独自的主语，如例句（8）a；也可以与主句共享一个主语，如例句（8）b。而且副词化短语的使用在理论上可以是无限的，但是对主句来说它只是可有可无成分，没有它主句也能成立，因此生成语法框架下的副词化短语是附加语（adjunct），不是主句的必有成分。包含副动词的句子并不能构成所谓的复合句子，这些句子是包含副词化短语的句子，而且这些副词化短语对于整个句子来说是可有可无的附加成分。

3. 副词化成分所构成的副词化短语问题是句法问题，应当在句法部分讨论。

通过以上阐释我们可以清楚地认识到，传统语法所谓的“副动词”问题并不是词法问题，而是句法问题。在今后的研究当中应将其放在句法部分里，并重点研究副词化成分构成副词化短语的功能和副词化成分连接助动词表现体的功能，只有这样才能更加合理地解释副词化成分和副词化成分参与的句子句法层次问题。另外，副词化成分连接两个独立的动词构成复合动词的问题应放到词法部分来解释，它属于构词问题，应当与副词化成分的句法问题区别开来。

4. 生成语法研究蒙古语副词化短语易于对接人工智能等信息化手段。随着信息技术的迅猛发展，“互联网+”已成为趋势，蒙古语言研究的信息化势在必行。生成语法学与传统语法学的显著区别是它使用数学式符号和公式来规定概念，表达规则，所以也称为形式化的语法。乔姆斯基也曾表示，生成语法的性质和研究方法与以往的语言学有本质的区别，而与其他自然科学则基本一致。[①] 因此，用生成语法研究蒙古语等阿尔泰诸语言的句法问题更形象，形式化描述也易于输入计算机使其信息化。在生成语法框架内短语结构都有核心语类，核心语类在生成短语时，从词库中选取符合条件的词汇。此时，不论是词汇量还是生成各类短语的可能性方面，计算机都能发挥非常强大的功能。如：动词“看 üǰe-”，可以从词库中选取“书 nom、太阳 nara、花čečeg”等多个单词。选取词汇通过手动挑选不但费事，也可能无法穷尽；但通过信息化手段，只要我们确定短语的核心语类，再把该短语的构成条件设定清楚，就能得到符合条件的动词“看üǰe-”短语的所有单词列表。

生成语法构成动词“看 üǰe-”短语时，能够成功收敛的运算过程一定是以“看”为核心的最大投影，也就是要以“看”作为合并的对象。合并通常都是在两个项之间进行，即使合并对象有三个或三个以上的项，也还是先由一个项向对象合并。这种运算更适合运用信息化、智能化手段进行[②]。

因此，运用生成语法研究蒙古语副词化短语更利于传统语法研究与西方语法理论的对接，也利于语言研究信息化。同时，这种研究代表了科学发展的前进方向，益于在语言学领域形成“互联网+”语言学研究氛围，与其他学科研究齐头并进。

---

① 百度百科，https：//baike. baidu. com/item/%E7%94%9F%E6%88%90%E8%AF%AD%E6%B3%95/8547345？ fr=aladdin.

② 石定栩．乔姆斯基的形式句法——历史进程与最新理论［M］．北京：北京语言文化大学出版社，2002：292.

第二节　研究基础

研究基础是著书立说的源头和根本，本书的研究基础主要从乔姆斯基生成语法理论发展历程和蒙古语副动词理论框架两方面进行梳理分析和简要阐述。

一、生成语法理论框架

乔姆斯基从大学开始就打破传统语言研究的思维，提出语言研究的最终目的是对语言现象进行充分、合理的解释，并认为各民族、各地区的语言虽然迥然不同，但有相同的语法规则，存在着具有共性的高度概括的普遍语法规则。乔姆斯基认为语法主要有基础和转换两个部分，自在《句法结构》（*Syntactic Structures*，1957）一书中提出转换生成理论以来，他在不同时期和阶段不断地修正完善其理论，因而乔姆斯基有关生成语法理论的论著颇丰，自该理论诞生以来大概经历了五个研究发展阶段：

第一阶段（1957—1965），称为“第一语言模式时期”（the First Linguistics Model），亦称为“古典理论时期”（Classical Theory），这一阶段的研究主要旨在于使语言学成为一门科学，其标志性著作是《句法结构》（1957）。

第二阶段（1965—1970），称为“标准理论时期”（Standard Theory），这一阶段主要是论述应当如何在语言理论中研究语义，认为语法分析可以纳入语义，但是转换规则只改变句子结构，不改变意义。其标志性著作是《句法理论的若干问题》（*Aspects of the Theory of Syntax*，1965），也有学者将其书名译为《句法理论面面观》。

第三阶段（1970—1979），称为“扩展式标准理论时期”（Revised Extended Standard Theory），这一阶段的研究主要集中讨论语言普遍现象和普遍语法问题，他认为表层结构对语义解释也有一定作用，转换不仅改变句子的结构，有时也改变句子的意义，其标志性著作是《关于动词名物化的一些看法》（1970）、《深层结构，表层结构和语义解释》（1971）、《转换的必要条件》（1973）和《语法规则的必要条件》（1976）。

第四阶段（1979—1993），称为支配和约束理论时期（the Theory of Government and Binding），这一时期乔姆斯基将研究重点从规则系统转到原则系统，其标志性著作是《支配和约束论集》（1981）和《支配及约束理论的一些概念和影响》（1982）。

第五阶段（1993至今），称为“最简方案时期”（Minimalist Program），其标志性著作是《语言学理论最简方案》（1993）、《极纯短语结构》（1994）和《最简方案》（1995）。[①]

以下对乔姆斯基每个时期的生成语法理论思想和著作进行简要梳理介绍和阐释：

（一）第一语言模式时期（1957—1965）

乔姆斯基于1928年12月7日生于美国宾夕法尼亚州（Pennsylvania）费城（Philadelphia）的移民家庭。1945—1949年，乔姆斯基就读于宾夕法尼亚大学，师从著名结构主义大师哈里斯，1947年开始从事语言学研究，1955年荣获语言学博士学位。乔姆斯基的父亲是一位颇有名望的希伯来语学者，乔姆斯基一生的两大主要研究方向——语言学和政治学，都曾深受他父亲的影响。在大学期间，乔姆斯基曾攻读语言学、数学、哲学和逻辑学等课程。1951年乔姆斯基在宾夕法尼亚大学完成了他的硕士论文《现代希伯来语语素音位学》（Morphophenemics of Modern Hebrew）。他起初尝试用结构主义方法研究希伯来语，但在进行全面具体分析，发现结构主义那种以分布为根据的分类法以及发现程序根本就无法做到对一种语言进行的全面描写，因而他将语法以数理的方式形式化，然后把各种规则按运用顺序排列起来，形成一个严密的操作系统，从而顺利地描写了希伯来语的全部句子结构。这个操作系统就是乔姆斯基的转换-生成语法的雏形。

乔姆斯基从1962年开始研究英语的转换语法。在这一过程中，彼德·埃里厄斯（Peter Elias）曾建议他用信息论的方法。1953年，乔姆斯基彻底放弃了分类的发现程序，集中全力研究转换-生成语法理论和应用。1954年他开始写作《语言理论的逻辑结构》（*The Logical Structure of Linguistic ´Theory*）。1955年他完成了这部书的初稿，并初步提出转换-生成语法的理论和方法，1957年乔姆斯基

① 有关生成语法理论的发展历程部分参见石定栩．乔姆斯基的形式句法——历史进程与最新理论［M］．北京：北京语言文化大学出版社，2002.

的生成语法开篇著作《句法结构》正式出版发行，他的转换–生成理论诞生，这也是他在第一语言模式时期的奠基性成果，确立了他在语言研究方面的领导地位。乔姆斯基在《句法结构》一书中提出三种语法：有限状态语法、短语结构语法和转换语法，认为语言通过语法生成、语法系统，由短语结构规则、转换规则、形态音位规则组成。本阶段理论最显著的特点就是主张语法自主。语法理论不应该建立在语义的基础上，而应该用某种严格的、客观的方法代替对模糊语义的依赖。这一阶段引人注目的理论成果如下：（1）强调语言的生成能力；（2）引入了“转换”规则；（3）语法描写中不考虑语义。

（二）标准理论时期（1965—1970）

乔姆斯基的《句法结构》动摇了结构主义的根基，但他提出的转换–生成语法理论模式还很粗糙，在具体运作过程中还有一些解释不通的语言现象，因而他在摸索中不断修正和创新其理论，着重改进转换–生成理论的技术细节，在此基础上于 1965 年出版《句法理论面面观》，将转换–生成语法理论推进到新的高度，从而确立了标准理论框架。标准理论主要对转换规则的细节进行了改进。标准理论的规则系统由三部分组成，即语法、语义和语音。语法规则系统主要包括基础部分（Base component）的规则和转换部分（Transformational component）的规则。语义规则和语音规则都是解释性规则（Interpretative rule）。语义规则对深层结构（Deep structure）作出语义解释，语音规则对表层结构（Surface structure）作出语音解释。由此可见，在《句法理论面面观》一书中，乔姆斯基接受了 Katz 与 Postal 提出的语法系统应包括语义部分、语法学应研究语义的观点，从而建立起句法、音系、语义三足鼎立的标准理论。标准理论中最引人注目的修正是把语义纳入语法中来，提出语法结构有深层和表层之别，深层结构决定语义，它通过转换规则而转化为表层结构。[①] 在标准理论时期乔姆斯基提出，人类的语言能力是与生俱来的，是人类遗传机制的一部分；人类语言都具有相同的本质，在高度抽象的层次上具有相同的语法系统，即普遍语法，句法分析应独立于语义，句法分析并不能完全脱离语义分析等。

（三）扩展式标准理论（1970—1979）

标准理论出现后，传统语言学界学者又提出各种意见，还受到来自哲学、心

① 陈丹．对乔姆斯基语法理论的回顾及浅析［J］．文教资料，2009（6）：54.

理学、社会学乃至教育学领域的挑战。为此，乔姆斯基对标准理论的模式又做了进一步修正，其转换-生成语法研究进入扩展式标准理论阶段。在此期间，转换-生成语法的理论和模式先后有两次较为重大的变化。第一次以乔姆斯基的著作《深层结构，表层结构以及语义说明》（*Deep Structure*，*Surface Structure and Semantic Interpretation*，1972）为代表，乔姆斯基称之为“扩展的标准理论”（Extended Standard Theory 简称 EST）；第二次以乔姆斯基的著作《关于形式和解释的论文集》（*Essays on Form and Interpretation*，1977）为代表，这一次的修正被学界称作“修正的扩展的标准理论”（Revised Extended Standard Theory，简称 REST）。自此以后，语言学界有人将 EST 和 REST 统称为 EST。

扩展式标准理论时期，乔姆斯基重申了直接进入深层结构的最小句法单位必须是词条和句法形态成分。短语的结构和有关性质都取决于核心词，是核心词特性的具体表现。短语的组建过程叫作投影，短语本身则称为核心词的投影，从而提出了语杠理论。这一时期，他还提出了引导语（Comp）、近邻原则、虚迹等概念。在修正的扩展标准理论时期，乔姆斯基主要对转换-生成语法句法理论各个组成部分的相互关系进行了调整，并且对各部分的作用做了重新界定。为了避免误解，这一时期他将深层结构改为 D 结构，表层结构改为 S 结构。①

（四）支配和约束理论时期（1979—1993）

严格说来，乔姆斯基的扩展式标准理论在解释一些语言现象时仍有不足，理论上仍有不少漏洞，有些技术细节问题还没有得到妥善解决。1979 年 4 月，乔姆斯基在意大利比萨的一次学术会议上提出“支配”（Government）和“约束”（Binding）理论（简称 G Theory，“约束论”）；两年后，乔姆斯基将这个理论整理成书，书名叫《支配及约束理论讲座》（*Lectures on Government and Binding*，1981）。1982 年乔姆斯基又出版了《支配和约束理论的某些概念和结果》（*Some Concepts and Consequences of the Theory of Government and Binding*，1982）。《支配及约束理论讲座》和《支配和约束理论的某些概念和结果》这两部著作，尤其前一部，是乔姆斯基关于语言理论研究的新进展。

乔姆斯基在《支配及约束理论讲座》中提出“原则”（Principles）和“参

① 石定栩．乔姆斯基的形式句法——历史进程与最新理论［M］．北京：北京语言文化大学出版社，2002：46.

数”（Parameters）的概念，形成了支配与约束理论，进一步丰富了 EST 模式的内容。支配与约束理论（又称“原则与参数理论”）以粗线条的原则为主体，允许实际操作中的灵活应用；这一理论还借用了数学逻辑中的概念，将不少句法现象归纳为所谓的参数，参数可以有不同的值，允许句法过程在不同的语言中有不同的表现形式，或者说允许有不同的分析方式。乔姆斯基在这一理论中设立了六个理论模块：边界理论、支配理论、题元理论、约束理论、格理论、控制理论，加上早期的语杠理论和转换方式移动-α，共 8 个理论模块，它们分别作用于语法的不同层面，形成了一套完整的句法系统。

1. 语杠理论

语杠理论是关于短语结构的理论，是句法结构研究的砖石。这一理论用抽象的树形图来表示短语结构和句子结构，也是转换-生成句法的重要技术手段。语杠理论一般不拘泥于具体的词类，可以用抽象的 X 来表示一切核心词；也不局限于短语和词之间的地位差别，可以用投影的次数来表示结构的地位，投影的次数越多，结构的级别就越高。投影的次数用“杠”来表示。语杠理论通过高度概括的描写方法为句法结构提供了一种高度抽象的途径，因而这一理论一直沿用到最简方案时期。

2. 支配理论

支配是一种关于句法结构关系的概念，作用是在复杂的句子结构中划定一个范围。整个理论系统的句法过程都必须在此范围中进行，许多句法关系也以此为基础。①

3. 格理论

格理论模块的基本要求相当简单，每个名词性短语都必须具有抽象的格。如果句法过程发展到最后还有哪个名词短语没有格，整个句法过程即为非法，必须淘汰掉。但是，格并不是名词性成分的固定组成部分，所以名词性成分从词库里出来时并没有带有格，而是必须在句法过程中取得应有的格，或者说由其他成分将格分配给它们。格理论又规定每个名词短语只能有一个格，如果句法过程将两个或更多的格分配给同一个名词性成分，也会违反格理论的要求，从而导致这个

① 石定栩．乔姆斯基的形式句法——历史进程与最新理论［M］．北京：北京语言文化大学出版社，2002：156.

结构变成非法的。格的分配与获得因此成为句法过程的基本组成部分，成为规范名词性成分的分布及移动的重要技术手段。

4. 题元理论

题元理论亦称“论元结构理论”“θ-理论”“主题理论”。题元理论的基本要素是题元角色，如施事角色、受事角色、经事角色等，涵盖的范围相当于格语法中的施事格、受事格或者传统语法里的施事、受事等概念。题元理论主要研究概念范畴之间的关系，如施事、受事、方位、来源、目标等，认为这些题元关系在句子的表层结构中没有特定的形态标记和结构标记，无法全部用显性方式传达出来，因此题元理论主要是在深层结构上发生作用，目的在于决定哪些位置适用名词短语移位。题元关系的确定取决于两个因素：词项的语义特征和词项在深层结构中的句法位置。题元理论中的另一些原则，如题元准则规定：每一个论元只能分派一个题元角色，每一个题元角色只能由一个论元充当。如果深层结构不符合这一条件，它就是不合格的。题元关系在深层结构中确定之后，就一直保留到表层结构，进而连同其他信息一起进入语义部分，通过语义规则得到句子的逻辑式等。

5. 移动-α

移动-α 在支配及约束理论中有两个含义，一是关于转换的理论模块，二是转换的技术手段。α 可代表任何成分，如名词短语、疑问词短语等。根据本规则，任何 α 在不违反基本原则的前提下，都可以从句子的一个地方移动至另一个地方。常见的移动操作有替代、领接等。

6. 边界理论

边界理论的主要作用是确定句法作用的范围，或者说为移动-α 的范围划定边界，从而对句法移动加以规范。也就是说，边界理论讨论的是形式句法里经常用到的“地方性限制”这一概念。边界理论管理移动所使用的主要手段是扩展标准理论时期的近邻原则，而执行近邻原则的主要方法是清点每次移动所跨过的边界节点。

7. 约束理论

约束理论是涉及语义和句法关系的理论，它试图解释句子成分之间的语义关系。其基本精神是从句子成分的句法结构关系出发，寻求结构关系对语义关系的制约。其核心思想是乔姆斯基所提出的约束理论三原则：一是照应语必须在管辖语域内受到约束；二是代词在管辖语域内是自由的；三是指称语总是自由的。照应语主要是指反身代词及相互代词；代词就是指人称代词；指称语是指专有名词及定指名词。所谓“约束”是指以上成分受主语、宾语的统领并与之有相同的指称。管辖语域是指管辖的范围，起约束作用的成分叫“先行词”，“自由”是指有不同的指称，不受句内成分的约束。

8. 控制理论

控制是指控制成分和被控制成分之间的一种相互依存关系。一是强制性控制与非强制性控制。强制性控制也称穷尽性控制，控制语与被控制语的指称具有严格的一致性。其基本特点是：词汇性名词短语不能出现在 PRO 的位置，且先行语必需成分统治 PRO。非强制性控制又分为部分控制、任意性控制和分裂式控制三种。在非强制性控制中，PRO 在句中可以没有先行语；如果有先行语，先行语无须成分统治 PRO。二是主语控制和宾语控制。主语控制是指 PRO 的控制语必须是主语，宾语控制是指 PRO 的控制语必须是宾语。它们的动词分别称为主语控制动词和宾语控制动词。①

（五）最简方案（1993 至今）

从 20 世纪 90 年代开始，在原有的原则与参数理论的框架下，乔姆斯基陆续提出了一系列新的主张，这些主张就是所谓的语言学理论“最简方案”。最简方案研究的目标就是要简化语言学理论和探究人类语言如何以简单方式作运作的。乔姆斯基在支配和约束理论里提出了普遍语法（Universal Grammar），简称 UG 和核心语法（Core Grammar）。乔姆斯基认为，普遍语法是一种知识系统（即语言，或者广义的“语法”）和呈现的经验（可以理解为现实的言语）之间的中介。根据普遍语法最终会得出具体的自然语言的复杂性质，并确定某种语言的完整的核心语法。因此，在乔姆斯基看来，普遍语法也就是一般语言学的理论。总的说来，普遍语法包括三个基本部分：语法部分、语音形式部分和逻辑形式部分。核心语法也就是具体的自然语言的语法。它是在普遍语法的基础上加上一些参数构成的。虽然理论上核心语法可以是无限的，但实际上是有限的。

2016 年 6 月，美国麻省理工学院语言学教授诺文·理查兹（Norvin Richards）

① 佟和龙．转换–生成语法中的控制理论解析［J］，淮南师范学院学报，2010：12.

出版了《接触理论》（*Contiguity Theory*）一书。接触理论是最简方案框架下的一种形式语言学理论，代表着生成语法关于句法运算及推导研究的最新理论成果。该理论全面深入地阐述了接触理论的理论模型和具体应用，从而正式奠定了该模型的理论地位及发展基础。作为一种接口理论，接触理论批判并摈弃了传统句法研究中所秉持的严格的模块化观点，将韵律特征纳入狭式句法（Narrow syntax）的运算及推导过程，重新诠释了自然语言中位移（Displacement）现象的内在动因，为生成语法研究提供了崭新的研究视角及理论支撑。其核心观点是：自然语言的音系结构在句法运算的较早阶段中动态构建，语言中的显性移位和音系结构的推导生成密切相关。语言之间的参数差异源于韵律结构（Prosodic structure）在不同语言中形式各异的组织方式。①

界面研究是生成语法发展的必然产物。为了在纯净条件下研究句法，乔姆斯基将语义、语音、语篇、语用等因素剥离出去，在此基础上建立了“自主的句法”。实际使用的语言是语法的各种子系统共同形成的，“自主的句法”还是要在一定阶段与其他子系统互动，形成界面关系。从早期的量项提升、疑问成分的逻辑形式移动、远距离约束和韵律句法，到近期运用左缘结构分析话语标记和立场标记，从界面关系出发的研究解决了不少单靠句法无法处理的难题。“界面”（Interface）作为生成语法的重要概念之一，是形式句法理论走向成熟的标志。②

二、蒙古语理论框架

蒙古语副动词作为动词形态变化中形式和意义都十分丰富且语法功能有微妙区别的一种重要范畴，一直受到国内外蒙古语学界的关注，是语言学界研究的热点问题之一。

（一）国内动态

中华人民共和国成立之前，国内学界研究蒙古语动词基本采用传统语法。早

① 孙文统．接触理论．生成语法研究的新进展［J］，中国社会科学网-中国社会科学报，2020-09-08.

② 石定栩．生成语法的界面关系研究——起源、发展、影响及前景［J］．外语教学与研究，2020（11）．

在19世纪就有一些研究成果，但研究领域不太广泛，而且比较零散。20世纪40年代初，著名学者额尔敦陶克陶编写的《蒙古语简明语法》一书出版，标志着国内蒙古语研究从传统研究方法过渡到新的研究方法。20世纪50年代后，蒙古语的研究进入到繁荣高产期，在此期间有不少高质量的论文和书籍相继问世。著者仅将与本书研究课题有关的“蒙古语动词分类研究”“动词连接形研究”和“蒙古语句型研究”等相关研究动态综述如下：

1. 有关蒙古语动词分类研究。

我国著名蒙古语言学家清格尔泰教授1963年发表的论文《论蒙古语动词》对蒙古语动词的研究有开拓性价值。论文肯定了动词作为表示物质的存在和发展变化的词在词汇中具有重要的地位，指出“动词有式、时、体、态以及人称等多种范畴”。同时，清格尔泰教授也提出，虽然国内外蒙古语言学界很早就对蒙古语动词按其语法变化进行过各种各样的分类，但是这种分类一直没有形成共识，意见得不到统一。后来，学界出现了将其划分为态、体、时、人称等四种类型的趋向，但其中也存在不少问题。清格尔泰教授进一步指出，早期国内学者的著作和其他外文著作中关于蒙古语动词分类问题更为复杂。比如，我们依据句法特点(即所谓的终止形与非终止形)，虽然能够将祈使式和时间式同副动词区分开来，但是，同样的标准就不能区分祈使式和时间式；依据“式”的差别能够将祈使式和时间式区分开来，然而这个标准又不能使这两种形式区别于另外两种形式(副动词和动名词)。因此，总的来看，这样划分出来的四类动词相互之间是不平等的。祈使式和时间式都属于“式”的范畴，它们之间的差别是“式”内部的差别；而副动词和动词跟这两者却有着不可比拟的巨大差别。此外，有些学者还提出将动名词排除在动词范畴之外的意见。①

因此，清格尔泰教授认为，动词分类的主要问题在于前两种形式，如果把前两种形式合并为一类，可能会更合适。综上所述，清格尔泰教授最终把蒙古语的动词划分为纯动词、形动词、副动词，把动词的祈使式和时间式包括在纯动词里。形动词既可以是终止形式，又可以是非终止形式。②

在长期研究过程中，清格尔泰教授对国内外学者对蒙古语动词分类标准不

① 清格尔泰．论蒙古语动词［J］．内蒙古大学学报，1963（2）．

② 清格尔泰．论蒙古语动词［J］．内蒙古大学学报，1963（2）．

一、术语不一致、划分结果不一样等情况进行了一次梳理。他并没有完全采纳某一位学者的意见，而是从学者们的意见中吸取并应用合理的部分，再结合具体情况进行对比研究，对蒙古语动词进行了更加科学的分类。

清格尔泰教授的分类法对蒙古语言学界影响很大。在他之后，1977 年布和吉尔嘎拉和恩和所编《蒙古语语法》、1978 年内蒙古教育出版社编辑出版的《蒙古语法》、1983 年出版的《现代蒙古语法》、1996 年哈斯额尔敦等所编写的《现代蒙古语》等著作，虽没有把祈使式和时间式合并为纯动词，但都沿用了把动词划分为祈使式、时间式、形动词、副动词的四分法。

清格尔泰教授的动词分类法能够将祈使式和时间式与形动词和副动词区别对待，这已经是打破了传统语法的束缚。但是，它们既然有区别，那还是不是同一句法层次上的问题，我们能不能把它们分别放在不同的句法层次中研究，对这些问题清格尔泰教授并没有做进一步解释，他仍把副动词与形动词当作动词的形态变化，放在词法部分里解释。他在 1991 年的著作《蒙古语语法》里，对一些术语做了改变，如纯动词改称为“式动词”，时间式改称为“陈述式”等，分类标准基本没变。

1983 年道布研究员编著的《蒙古语简志》，无论在内容上还是在研究方法上都有了新的突破，对蒙古语言的研究颇有指导性和启发性。他把动词附加成分分为里层式和外层式两大类。属于里层形式的是态附加成分和体附加成分；属于外层形式的是祈使形附加成分、陈述形附加成分、连接形附加成分和兼役形附加成分。属于外层形式的附加成分既可以直接接在动词词干后面，也可以递接在属于里层形式的附加成分后面。进入句子时，动词词干后面接了属于外层形式的一种附加成分之后，就不再接属于外层形式的另一种附加成分，也就是说，动词外层形式不能重叠使用。动词接了兼役形附加成分之后还可以连接各种格附加成分，反身附加成分或人称领属附加成分。① 这里所指的连接形式是我们传统语法的副动词；兼役形式是传统语法的动名词或形动词。

道布研究员把祈使形附加成分、陈述形附加成分、连接形附加成分、兼役形附加成分视为动词四个词尾变化附加成分。同时，对副词化成分与形容词化成分的新命名，更加形象地表明了副动词与形动词在句子结构中起到的句法作用。

---

① 道布．蒙古语简志［M］．北京：民族出版社，1983：43.

总的来说，国内外对蒙古语动词的分类研究过程中，学者们的意见是有分歧的，而且这种分歧在某些方面还比较突出。如，对动词有态、体、时、人称等四个语法范畴，意见基本一致，但对于有没有“式”这个语法范畴，也就是有没有第五个语法范畴，意见各异。我们的教学课本对蒙古语动词语法范畴的解释也没有名词那么清晰。到20世纪末，学者们倾向于蒙古语动词有形、体、态等变化的解释，但是“形式”里面包括了时间和人称，这样似乎把有连接作用的副动词与形动词和动词的“态”与“体”一起看成了动词的第六个语法范畴。总之，在新旧交替时期大家对于哪些可以看作语法范畴仍存在分歧。

2. 有关“动词连接形”的研究

策·诺尔金教授《现代蒙古语动词结构》① 一文从“有关蒙古语单词结构的主要观点（mongγul kelen-ü üge-yin bütüče-dü qolbuγda=qu γoul üǰel barimtalal）”“现代蒙古语动词附加成分的性质（odu üy_e-yin mongγul kelen-ü üile-yin nöküčel-ün sinǰi）”“现代蒙古语动词词干的性质（odu üy_e-yin mongγul kelen_ü üile ündüsün-ü sinǰi）”“现代蒙古语构成动词的附加成分（odu üy_e-yin mongγul kelen-ü üile ündüsü bütüge=kü daγaburi）”“现代蒙古语动词词根性质（odu üy_e-yin mongγul kelen-ü üile-yin iǰaγur-un sinǰi）”“现代蒙古语动词词干结构的基本模型（odu üy_e-yin mongγul kelen-ü üile ündüsün-ü bütüče-yin ündüsün ǰaγbur）”等六个方面全方位地剖析了动词的构成、动词附加成分的性质和动词词干的结构等问题。

德力格尔玛教授《表现动词义位组合关系的形态标志》② 一文从语义学角度研究了“动词的连接形”是如何让动词与动词有机结合起来的。文章认为：“动词的连接形是句中动词之间连接的形态标志。从语义学的角度来看，动词的连接形是句义中动词义位组合关系的负荷者。”“所谓义位之间的组合规则，是指如何组合相互满足搭配要求的义位问题，与句法有着密切联系，是实现句子深层结构向表层转化的问题。因此，也自然涉及句法手段。”她的另一篇文章《蒙古语构形法归属问题》③ 提出蒙古语构形法不属于孤立的词、构形法应属于句法学的

① 策·诺尔金．现代蒙古语动词结构［J］．蒙古语文，1991（1）、（2）．

② 德力格尔玛．表现动词义位组合关系的形态标志［J］．民族教育研究，1999（1）．

③ 德力格尔玛．论蒙古语构形法归属问题［J］．中央民族大学学报，2001（5）．

观点。

乐・色音额尔敦的《蒙古语族语言中一些副动词附加成分的来源及构成方式》① 一文根据达斡尔语、陈巴尔虎土语、卫拉特方言、东部西拉裕固语、蒙古尔语（土族语）、保安语、东乡语、布利亚特语、卡尔梅克语等语言的材料，对蒙古语族语言中一些副动词附加成分的发展、演变、构成方式，以及一些副动词的意义及用法上的区别进行了分析、探讨，并提出著者自己的看法。

包联群在论文《析蒙古语〈Vx irekü（来）〉结构中的〈-ǰu/-ču；-γad/-ged〉语法意义》② 中，对蒙古语“Vx irekü（来）”结构中的“-ǰu/-ču；-γad/-ged”形式所表达的意义做了进一步的研究。文章认为，研究“-ǰu/-ču；-γad/-ged”形式表达的意义时，不能把“-ǰu/-ču；-γad/-ged”形式孤立起来研究，因为“Vx irekü（来）”结构是由“V”“x”“irekü”三个部分组成的。

乐・陶格敦白乙拉的文章《〈形动词〉〈副动词〉名称的考究》③ 针对目前蒙古语学界动词各种形态变化的名称还很不统一的情况，以形动词和副动词为代表进行了分析和研究。文章认为，构成形动词和副动词的那些形式应该称为“附加成分”，其中构成形动词的附加成分称为“静词化范畴”，构成副动词的附加成分称为“动词化范畴”。

道布研究员的《粘着型语言结构的描写问题》一文认为，“现在描写我国粘着型语言的语法著作，差不多都是参照印欧语的语法理论框架立论的。在这些语法著作中，语法范畴多数是从印欧语的语法著作中引进的。尽管人们认识到粘着语的结构不同于屈折语，但是描写粘着语的语法，依然把附在词干后面的词缀看作是词的形态，把各种语缀分别安排到一定的词类上去解说”，“我们注意到，在粘着型语言中，有一些语缀确实活动能力较强，结合面较宽，而且它们的作用范围常常超出它们所粘附的那个词，它们的语法作用实际上是辐射到整个短语甚至小句上面的。像表示‘格’范畴的那些语缀就是这样。如果不把语缀的功能人为地界定在形态学范围之内，而是实事求是地看待它们，不但对于揭示语法范

① 乐・色音额尔敦．蒙古语族语言中一些副动词附加成分的来源及构成方式［J］．内蒙古社会科学（人文版），1995（6）．

② 包联群．蒙古语〈Vx irekü（来）〉结构中副动词〈-ǰu/-ču；-γad/-ged〉的语法意义［J］．蒙古语文，2004（6）．

③ 乐・陶克敦白乙拉．《形动词》《副动词》名称的考究［J］．蒙古语文，2000（12）．

畴的内涵可以深入一步，而且对确定语法范畴的外延也有重要指导意义”。

道布研究员《蒙古语语缀杂谈》[①] 一文进一步指出，“在蒙古语里面，格语缀是使用范围极广、极具普遍性的一种语缀。这是蒙古语‘格’范畴的第一特点。其次，‘格’语缀经常接在单个的‘词’后面，所以，人们常常把它看成是‘词’的形态变化。其实不然，蒙古语‘格’它并不局限于表示词与词之间的语法关系。换句话说，蒙古语‘格’语缀并不总是只粘附在‘词’上，也常常粘附在‘短语’上。蒙古语‘格’范畴的这个特点过去似乎没怎么强调，我觉得今后要突出地讲一讲才好。这样，对句子进行层次分析是有好处的，对把握粘着语的语法性质是有好处的”。

本书所研究的蒙古语“副词化成分”也跟名词的“格”一样，它并不只局限于表示动词之间的语法关系，它也可以附加在动词短语上构成“副词化短语”。长期以来，人们也因为它经常连接在“词”上，所以认为它是词的形态变化，而忽略了它的句法作用。因此，需要加强研究“副词化成分”的句法作用，这样对以往研究中说不太清楚的一些句法层次问题的处理是有好处的。

力提甫·托乎提教授的论文《阿尔泰语言构形成分的句法层次问题》[②] 提出蒙古语、维吾尔语等阿尔泰语言的构形成分的句法层次问题。在传统语法研究中，词法与句法严格分离，而且以构词法和构形法作为词法的主要内容，只是在单词平面上加以研究，这容易把语言研究引入歧途。对于这种现状，力提甫·托乎提教授引用乔姆斯基为代表的生成语法理论，为阿尔泰语言的研究开辟了新的道路。文章认为，像格（K）、静词化成分（SUBSZ）（包括名词化成分、形容词化成分、副词化成分等）以及屈折成分（INFL）等都各自在自己所构成的语类中处在最外层，支配着其他成分。

3. 有关蒙古语句子类型的研究。

特图克教授在《蒙古语基本语法范畴》[③] 一文中指出，蒙古语句法学领域应设立哪些单位，关键在于简单句和复合句的关系问题。把两者看作句子的不同类别，还是把复合句看作大于简单句的另一种句法单位是需要有待分析的。文中进

① 道布．蒙古语语缀杂谈［J］．首届蒙古语言文化学术研讨会“论文提要”，2006（11）．

② 力提甫·托乎提．阿尔泰语言构形成分的句法层次问题［J］．中央民族大学学报，2002（6）．

③ 特图克．蒙古语基本语法范畴［J］．内蒙古民族师院学报（哲社版），1997（2）．

一步提到，蒙古语语法领域可以设五种单位，即词素→词→词组/短语→句子→复合句，它们之间是从小到大的层级关系。“蒙古语语法层级体系中，有些单位之间会出现向下‘转级’现象。也就是说，可以把某一个给定单位（的实体）通过一定规则转变成下一级单位来使用。比如，通过动词词尾变化，可以把动词句变成词组或短语来使用。蒙古语动词以其词干形式支配静词时，并不构成词组，而直接成为祈使句（dorǰi ire 道尔吉来吧，bičig yabuɣul 要去书信）。然而，以副动词形式支配静词时，则成为词组（dorǰi iremegče，道尔吉一来就…，bičig yabuɣulbal 假如去书信…就…）。这是一种语法单位向下转级现象。一般来讲，除了单纯连接副动词词组外，不同单位之间很少出现向上转级现象。”① “（tere kömün iremegče/那人一来；dotura ger-tegen oruǰu üǰekü=l_e/进里屋看时；dorǰi-un yabuɣuluɣsan/道尔吉寄来的）等非结束式部分（成分句或从属句）已经失去简单句的特点，从整句提取之后不能成为交际单位。那么这种形动词，副动词述谓结构，究竟是什么样的句法单位呢？有各种不同的看法。有的说它是‘从属句’，有的说它是‘形动词短语或副动词短语’，有的说它是‘成分句’。我们认为上述第二种看法比较符合蒙古语实际情况。”②

特图克教授认为“dorǰi iremegče，道尔吉一来就…，bičig yabuɣulbal 假如去书信…就…”这些形式是副动词词组和认为“tere kömün iremegče/那人一来”是副动词短语的看法支持本书观点。但是，有关副词化成分的副词化过程和句法层次问题有待进一步讨论。

特图克教授《蒙古语句子结构系统》一文中认为，要确立句子结构系统，首先应该确定蒙古语句法单位。因为语法描写在理论上就要求正确认识各种句法单位之间和每一种单位内部类别与类别之间的有机关联性。③ 那么，在蒙古语句法学领域应设立哪些单位，语法学家们的看法并不一致。第一种观点认为：蒙古语句法平面上没有词组和句子两种单位。这是蒙古语语法教材中的普遍看法。第二种观点认为：蒙古语句法学领域的基本单位有词组、简单句、复合句。第三种观点认为：句法有自上而下、自下而上层级体系的四种单位，即词组、简单句、

① 特图克．蒙古语基本语法范畴［J］．内蒙古民族师院学报（哲社版），1997（2）．

② 特图克．蒙古语基本语法范畴［J］．内蒙古民族师院学报（哲社版），1997（2）：16.

③ 特图克．蒙古语句子结构系统［J］．民族语文，1999（5）．

复合句、混合句。

此外，特图克教授的《关于蒙古语动词词组问题的思考》等文章中也认为，形动词短语和副动词短语是体述关系动词词组，没有述谓性特点，在句子中不具有表达内容和语调的完整性。①

额尔敦琪木格在《蒙古语句型研究述要》一文中，对蒙古语句型的结构从总的体系方面分为简单句句型、复合句句型和特殊性句型等三大类。②

道布研究员《蒙古语句子结构分析》一文认为，蒙古语的句子按照其有几个结构中心可以分为单句或复句。③

额尔敦楚古拉等人合著的《现代蒙古语研究》从蒙古语句法结构、蒙古语词组、句子及其特征、蒙古语句子种类、句子成分及其分析法、复合句等方面入手，较详细地研究了现代蒙古语句法。④

近十年来，陆续有一些学者在生成语法框架内研究阿尔泰语言并有一些新的著作问世。力提甫·托乎提《最简方案——阿尔泰语言的句法结构》（2017）再一次论证了生成语法最简方案框架下阿尔泰语言有副词化短语等句法问题。高莲花《蒙古语短语结构——在最简方案框架内的研究》（2020）在生成语法框架内对蒙古语词汇语类短语及其结构特征、功能语类短语及其结构特征进行了初步梳理；在静词化短语部分提出蒙古语有静词化短语，具体包含形容词化短语、副词化短语两种。

综上所述，在国内蒙古语学界较有影响力的，清格尔泰教授和道布研究员的观点各有各的优点。但是，对“蒙古语副词化短语研究”来讲，道布先生的观点更有启发和指导意义。

对本书有指导意义的另一部著作是力提甫·托乎提教授的《从短语结构到最简方案——阿尔泰语言的句法结构》。他第一次把生成语法理论运用到阿尔泰语言，尤其是运用到维吾尔语言的研究中，并取得了突出的成绩。传统语法一直以来重词法轻句法，可他大胆地尝试运用新的语法理论，跳出传统语法的束缚，打破了词法与句法的界限。他还把格（包括后置词）、静词化成分（包括名词化成

① 特图克．关于蒙古语动词词组问题的思考［J］．民族语文，1998（6）．
② 额尔敦琪木格．蒙古语句型研究述要［J］．内蒙古社会科学，1992（2）．
③ 道布．蒙古语句子结构分析，道布文集［M］．上海：上海辞书出版社，2005.
④ 额尔敦楚古拉等．现代蒙古语研究（蒙文）［M］．沈阳：辽宁人民出版社，2005.

分、副词化成分和形容词化成分）和屈折成分（包括人称和时间）等附加成分都看作是独立的语类，认为它们是可以构成自己的短语的功能语类。这样，解决了传统语法对动名词、副动词、形动词等的解释一直自相矛盾的问题。蒙古语和维吾尔语同属阿尔泰语系语言，都是粘着型语言，所以有很多相似之处。力提甫·托乎提教授在生成语法框架内对维吾尔语的研究成果，启发和引导著者在蒙古语领域的研究。

此外，国内相关研究成果还有许伊娜《阿尔泰语句法类型及副动词范畴》、包满亮《蒙古语构形词缀研究》、特图克《关于蒙古语句子以谓语为中心问题》、德力格尔玛《关于现代蒙古语句法研究中的某些问题》、嘎拉桑《从蒙古语句法研究史看其研究方法》、艾日布扎木苏、额尔顿其木格《蒙古语句型》和碧·沃德勒夫《蒙古语句子》等文章。

（二）国外动态

国外很早就有不少学者研究蒙古语，尤其是俄国语言学家们，但真正以科学的方法系统研究蒙古语是从 19 世纪上半叶才开始的，标志性作品有俄国著名学者施密特在圣彼德堡出版的《蒙古语语法书》。作为第一部蒙古语语法著作，它主要介绍了蒙古语的字母、词类划分和简单句法知识。施密特为蒙古语言的研究奠定了基础，之后有很多学者的研究著作相继问世。俄国学者继承和发展了传统语文学的成果，编著了一些语法书和教科书，对蒙古语文的普及和繁荣起到了推动作用。例如：波波夫的《卡尔梅克语语法》、鲍布罗夫尼科夫的《蒙古卡尔梅克语法》、托达叶娃的《现代蒙古语标准语法讲义》、桑席耶夫的《蒙古语比较语法概论》和科特维奇的《蒙古语语法讲义》等。

其中，鲍布罗夫尼科夫 1849 年出版的《蒙古卡尔梅克语法》，在动词分类上有些不同。在动词这一节里，著者特别提到动词的变位，而且还强调，动词按其构造可分为两种形式，即简单式（它是由附加成分和动词的词干结合而构成的）和复合式（它是由变位动词的简单形式和助动词配合而构成的）。动词的简单形式还可以分为结束式和未结束式。在此基础上著者认为，应该把谓语的祈使式、描述式、叙述式与形动词和副动词分开来研究。因为形动词和副动词是未结束式也就是连接形式，所以它所涉及的不仅仅是词法问题。而祈使式等是动词本身的变化，属于词法问题。①

1938 年蒙古国著名学者舍·罗布桑旺丹的《蒙古语语法》问世，这标志着蒙古语言研究终于摆脱了传统的印藏语文研究法，开创了以西方语言学研究方法来研究蒙古语的新局面。此外，他还在 1956 年出版了《蒙古语语法教科书》，1961 年出版了《现代蒙古语》等著作。在舍·罗布桑旺丹的上述三部著作中，他根据动词在句中的作用、意义和词法特点，将蒙古语动词种类分为以下四种基本形式：一、动词祈使形式；二、动词时间形式；三、副动词；四、动名词。这里所说的“动名词”与我们传统语法中的形动词所包括的内容是一样的，是从大的静词类的角度划分的，只是命名不同。这样一来，他把形动词和副动词同动词的祈使式和时间式一样归为动词的形式。

“式”是一个很重要的动词语法范畴，它表示说话者如何对待行为与客观事物之间的关系。在相关语法书籍里有时用“式”，有时用“形式”，其实这两个术语基本一样。② 祈使式是表示说话人对进行这个动作或进入这个状态所持的态度。时间式是表示这个动作或状态在说话的时候是否已经过去。这两个动词形式是把相应的附加成分接在动词上就可以表示。如：

（9）yabu（走，原态动词）+ y_a（祈使式附加成分）→ yabu = y_a（走，y_a表示意愿）；

yabu（走，原态动词）+ n_a（时间式附加成分）→ yabu = n_a（走，n_a 表示现在时）。

y_a、n_a 两个附加成分不管动作主体是谁，也不管动作目的是什么，二者都表示意愿和现在时。

我们再看形动词和副动词。如：

（10）yabu（走，原态动词）+γsan（形动词附加成分）→yabu = γsan（形动词）

yabu（走，原态动词）+ǰu（副动词附加成分）→yabu = ǰu（副动词）

yabu = γsan 和 yabu = ǰu 不借助其他成分的话，我们很难解释它们的意义。这里需要说明的是，形动词有时可以表示结束式，但那是个别方言的特点。

总之，动词祈使式和时间式可以表示动作的结束，可以单独表达完整的句法

① 蒙古语文研究参考资料（第 1 辑）［M］. 呼和浩特：内蒙古大学蒙古语文研究室，1974.

② 清格尔泰. 论蒙古语动词［J］. 内蒙古大学学报，1963（2）.

意义。但是形动词和副动词必须借助于句子其他成分才能表达完整的意义，是非结束形式，所以应该把它们区别开来研究。

舍・罗布桑旺丹在《现代蒙古语结构语法》① 中提出："形动词和副动词形式应属于语法范畴。这些副动词的形式相当于动词的格附加成分。"但是，因为好多语言都没有把形动词和副动词看作是语法范畴，所以大多数蒙古语研究者坚持传统的观点，这个新提法也就不了了之。

此外，罗布桑旺丹还提到"动名词"这个术语。如他在1955年发表的《蒙古语词类划分问题》一文中谈到，动名词具有动词与名词之间的中间性；动名词形式虽然兼备名词和动词的性质，可是在中学课本中，仍然把它归入动词系统。他在1956年发表的《蒙古语词类划分问题》一文中做了进一步解释："根据上述情况来看，动名词具备名词和动词两个范畴的性质。但因它所包含的动词性并不大于名词性，所以没有理由按欧洲语言习惯把动名词划入动词范畴，并且也不能仅仅因为它含有名词性便把它划入名词范畴。正因为如此，应该把动名词看作是名词和动词之间的一种独立的范畴。"②

对于蒙古语动名词，我国蒙古语言学家清格尔泰教授早期认为："形动词，这便是动名词。形动词这个术语可以理解为具有形容词性的动词。若把这类词划入名词范畴，那么称之为动名词比较恰当；但因为已经划入了动词范畴，所以称为形动词也许更为确切。"③

但是，后来清格尔泰教授的论文《论蒙古语动词》和内蒙古大学蒙古学学院蒙古语文研究所的《现代蒙古语》一书以及特图克先生的论文《蒙古语名动词》《再论蒙古语名动词》等著作都认为蒙古语有名动词，而且有"-lgüi、-ltai、-lγ_a \ -lge ügei、-lγ_a \ -lge tai、-lta ügei、-ši ügei"等表示名动词的词缀。因此，蒙古语名动词应该与纯动词、形动词、副动词一样是一种独立的类。本书也同意这种观点，即蒙古语有名词化成分，也有对应的名词化短语。

俄罗斯突厥语学家H. A・巴斯卡科夫是阿尔泰学理论的支持者，他在《阿尔泰语系语言及其研究》中认为，只有在语义和语法意义系统的对比中，才有可

① ［蒙古］舍・罗布苍旺丹．现代蒙古语结构语法［M］．呼和浩特：内蒙古教育出版社，1986.

② 清格尔泰．论蒙古语动词［J］．内蒙古大学学报．1963（2）．

③ 清格尔泰．论蒙古语动词［J］．内蒙古大学学报．1963（2）．

能理解动词的一些派生形式——行为名词（又名动名词）、形动词和副动词。而兰司铁却把它们统统做为动名词，没把它们分为动词三种不同的具有自己特点的派生形式，而这种特点使之不仅在阿尔泰语系亲属语群中的每个亲属语群中，而且在这些语群的内部也都自成一特殊系统。① 巴斯卡科夫认为，从语义和语法意义的角度才能够正确理解行为名词、形动词和副动词等形式。

波兰蒙古语和阿尔泰语言学学者 W·科特维奇在《阿尔泰诸语言研究》一书中认为，副动词属于副词形式，副动词的正常功能在于表达状语句中的谓语，或者直接就替代独立句或从属句中的状语。② W·科特维奇将蒙古语等阿尔泰诸语言的副动词现象作为动词形态变化的一种，在词法部分进行了分析研究。

此外，1964 年达木丁苏荣的《正字法教科书》、1950 年策布格扎布的《语法》、1954 年鲍培的《蒙古书面语语法》等著作也都谈到了蒙古语动词，但他们的观点与上面讨论过的著作大同小异，没有太大的突破，所以在这里就不再一一赘述。

第三节　研究方法与研究框架

一、研究方法

本书主要采用了比较研究方法、对比研究方法、描写符号和标记法等研究方法。

1. 比较研究法。生成语法最早是在研究英语的基础上产生的，因此用生成语法研究蒙古语避免不了对英语和蒙古语的比较研究，通过比较分析它们的共同点和区别，从而确定适合蒙古语的生成语法研究。

2. 对比研究法。对合乎语法的和不合乎语法的结构进行对照，从而更准确地找出蒙古语的特征，并对其做出更加合理的解释。

3. 描写符号和标记法。生成语法描写与传统语法描写有所不同，它要用大

① ［俄罗斯］H. A 巴斯卡科夫：阿尔泰语系语言及其研究［M］. 呼和浩特：内蒙古教育出版社，2004.

② ［波兰］W·科特维奇：阿尔泰诸语言研究［M］. 呼和浩特：内蒙古教育出版社，2004.

量的符号和标记，如大写的拉丁字母（A，B，C，X，Y，Z，S，N，V等）、小写的拉丁字母（a，b，c等）、数字及数学符号（+，→等）。因有大量的符号和标记运用，所以生成语法更接近于自然科学，因此生成语法也被称为形式句法。本书通过描写符号和标记法来对蒙古语语类进行描写，从而为本书的研究打好基础。

4. 演绎和推理法。生成语法规则是以演绎法为基础的。本书运用大量的树状图和括号描写法来演绎副词化短语以及副词化成分参与的其他句法结构的句法层次关系。同时，通过演绎判断和推导句法结构的合法性。

二、研究框架

本书由导论、现代蒙古语副词化短语概论、现代蒙古语副词化成分的句法解析、现代蒙古语副词化成分的句法功能、现代蒙古语副词化短语的相关句法问题和余论等六个部分组成。

第一章主要阐明本书的研究对象，以及对蒙古语副词化短语进行研究的意义和价值，研究方法和相关研究概况等。

第二章通过讨论词类与语类的区别、语类描写的优势、语类划分标准及其编写规则等问题，引出英语单词语类和短语结构规则。

在认识到蒙古语词类划分的优势和缺陷的前提下，引用生成语法语类划分法对蒙古语词汇进行全新意义的划分，并运用语类概念分析传统语法的副动词，从而在生成语法框架内对副动词重新界定和提出蒙古语副词化短语概念。

第三章对蒙古语所有副词化成分的句法特征进行了探讨。经过讨论著者发现，蒙古语的副词化成分并不像传统语法中所说的，只是粘附在单个动词上，而是附加在整个动词短语上。副词化成分在句中总是出现在动词短语后面，从而使整个动词短语副词化。

第四章主要阐释了蒙古语副词化成分的句法功能。蒙古语副词化成分除了可以附加在动词短语上构成副词化短语外，还有连接两个实义动词构成复合动词、连接实义动词和助动词表现体的功能，这种用法我们应该与其构成副词化短语的功能区别开来研究。本章还提出副词化成分连接两个实义动词构成复合动词的问题应属于词法问题，应在词法部分讨论的观点。

第五章重点讨论副词化短语的相关句法问题，如副词化短语内的空语类、副词化短语在句中的作用等，在此基础上讨论蒙古语单句和复合句的问题。

余论总结全书。本章总结了本书研究蒙古语副词化短语的成果，有待进一步研究和探讨的问题以及对生成语法框架内蒙古语副词化短语研究趋势的预判。

第二章　现代蒙古语副词化短语概论

句法理论研究句子如何组成，如何理解相关规则和原则等问题。句子由不同的句法单位，即句子成分组成。最基本的句子成分是词，词组成短语，短语又组成句子。分析短语结构有必要先了解词的划分及一些基本句法概念。生成语法在语言词汇结构体系内部首先分出单词语类和功能语类，进而在各自特定的语类结构类型内部再分出若干子类型语类。蒙古语词汇结构体系和分类研究是蒙古语研究中的重要问题之一，本章运用生成语法理论关于语类划分的原则和方法，对蒙古语基础词汇结构体系进行全新意义的划分，在此基础上，进一步分析副词化短语的界定问题。

第一节　生成语法理论基础

在讨论蒙古语副词化短语的界定问题之前，本小节对生成语法框架内什么是语类、词类与语类的区别、语类描写优势、语类划分标准及其编写规则、英语的语类等问题进行梳理。在此基础上，对蒙古语词汇进行全新意义的划分。

一、语类规则

从生成语法学的理论视角来看，语法是由一系列语法规则组成的系统。在生成语法学发展初期，语法学家做了大量深入细致的工作和不懈的努力，力求用规则充分描写各种语言中的合格句子。通过语法学家的共同努力和相互启发，目前已初步研究清楚语法规则的性质、形式、类别，以及规则与规则之间的关系，并明确了由句法、音系和语义三个子系统组成的完整的语法规则系统。①

句法学是生成语法学的一个分支，基本的句法规则是语类规则。

（一）词类与语类

“词类（Word class）”是传统语法所惯用的概念，“语类（Categorty）”是生成语法所采用的概念，二者的区别主要表现在描写句子结构成分的排列和组合上。例如：

（1）The girl kicked the dog.

女孩踢了那只狗

例句（1）我们可以用以下两种描写法进行描写：

（2）DET+N+V+DET+N

限定词 +名词 +动词　+限定词 +名词

the　girl　kicked the　dog

（3）a. NP+VP

名词词组（the girl）+动词词组（kicked the dog）

b. DET+N+VP

限定词（the）+名词（girl）+动词词组（kicked the dog）

c. DET+N+V+NP

限定词（the）+名词（girl）+动词（kicked）+名词词组（the dog）

d. DET+N+V+DET+N

限定词（the）+名词（girl）+动词（kicked）+限定词（the）+名词（dog）

例（2）描写法是词类描写，使用的概念是词类，描写的结果是由词类构成的序列。例（3）描写法是语类描写法，描写的结果（3）d 与（2）一致。但是描写过程多几个步骤，即（3）先把句子分成名词词组与动词词组两个部分；再把名词词组分成限定词和名词两个部分；接着把动词词组分成动词和名词词组两部分。这种描写法不仅要用到词类的概念，还要用到词组类的概念。用（2）描写的语法称为词类语法；用（3）描写的语法称为语类语法。语类是句法结构成

① 参见徐烈炯．生成语法理论［M］．上海：上海外语教育出版社，1998.

分的类别，包括 N、V 等单词语类和 NP、VP 等词组语类。[①]

（二）语类描写的优势

生成语法学采用语类语法描写，不用词类语法描写。这是因为语类描写有词类描写无法表现的优势。具体如下：

1. 语类规则有高度的概括性。例如：

（4）a. The student read a book.

b. The student read a pink book.

c. The student read a pink book and a red book.

d. …

以此类推，句子可以无限加长，不但可以给 book 加修饰语，还可以给 student、read 加修饰语。此时，词类描写法只能把它们一一都描写出来，这种做法显然失去了概括性。语类描写法解决了这个问题，因为上述三个句子的基本结构都是 S→NP+VP，只是 VP 内部稍有不同。对句子最基本结构有了了解后，可以进一步详细描写内部成分的构成及分布，这样就可以揭示语法用有限规则生成无限句子的能力。

2. 语类描写法也可以揭示句法层次关系。例如（4）a 的层次关系为：

第一步：a book（DP）形成。

第二步：read a book（VP）形成。

第三步：句子 the student read a book 就形成了。

通过这种分析，句子的层次关系一目了然，这也是语类描写法的优势所在。

因此，生成语法的语类指的是一组有相同语法特征的语言成分。即它们在句中所出现的句法位置以及所经历的形态变化有共同点。

3. 语类描写可以避免产生歧义。例如：

（5）Big apple and pear.

这句话有两种意思：第一种意思是大苹果和大梨，第二种意思是大苹果和梨（梨可以是大的，也可是小的）。用词类描写法区分不了两者的差别，即 ADJ

---

① 徐烈炯．生成语法理论［M］．上海：上海外语教育出版社，1998.

(形容词) +N+CONJ (连词) +N。如果我们用语类描写法，句子表现第一种意思，可以描写为：ADJ (big) +NP (apple and pear)；如果句子是表现第二种意思，可以描写为：NP (big apple) +CONJ (and) +N (pear)。两种描写可以清楚地体现不同意义。

(三) 语类划分标准及其编写规则

语类的划分也就是语类的辨认，生成语法在语类的辨认上并不像传统语法那样参考语义和形态特征，而完全是以句法标准来确定。也就是说，句子成分的分布就是语类划分的标准。因生成语法中生成句子的框架是固定的，语类是从上到下，即从大语类分析到小语类分析，一直到单词语类为止，一个语类出现在什么节点，它就是什么语类。① 例如：

(6)

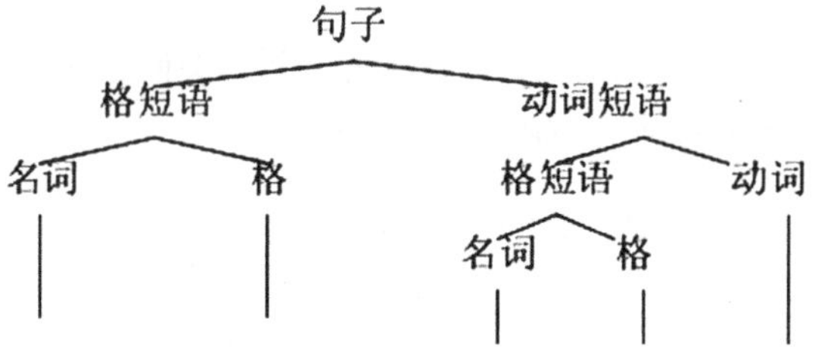

例 (6) 描写的是生成蒙古语句子的较典型的框架，没有加入词汇前的结构由非终极符号构成，要把非终极符号转化成终极符号，才能成为加入词汇后的结构，最终成为句子。所以，生成句子除了需要语类规则以外，还需要词。语类规则是该语言使用者所掌握的一部分知识，词也是一部分知识。人们头脑中有很多词汇，好比一个大库，可以称之为词库。从词库中挑选适当的词，按类别填进例 (6) 的语类结构才得到有终极符号的结构。例如我们选取 batu，bičig，surun_a 等单词分别填入 (6) 中名词、格、名词、格、动词等单词语类节点得到：

① 力提甫·托乎提. 从短语结构到最简方案——阿尔泰语言的句法结构 [M]. 北京：中央民族大学出版社，2004：24.

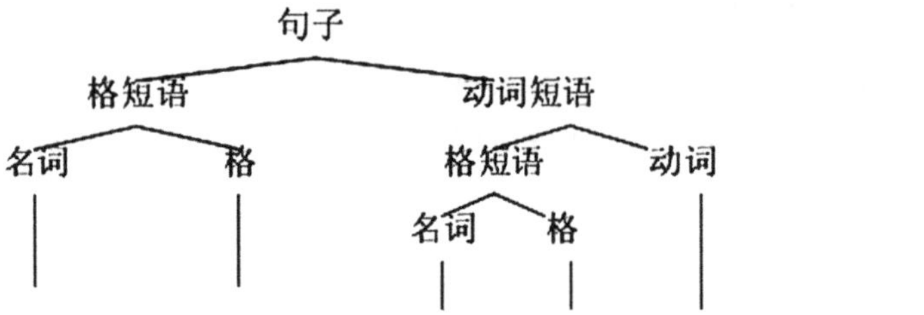

batu　　　　　　　　　bi čig　　　　　　　　surun_a
巴图　　　（NOM）　　文字（-ACC）　　学-PRES：PROS
巴图学知识。

因此，根据句法标准，我们可以确定，在名词底下出现的成分就是名词（N），在格底下出现的成分就是格（K），在动词底下出现的成分就是动词（V）等等。①

在短语结构的划分上，一般凭语感提出一个判断，若有疑问，再用并列、插入、删略、移位、替代等方法去验证。② 例：

（7）batu-yin　degüü　surγaγuli-daγan　yabu=ba.
　　巴图-GEN　弟弟　学校-LOC　　去-PST
　　巴图的弟弟去学校了。

首先，例（7）包括时态和人称短语 IP（Inflectional Phrase），是由 KP（格短语）batu-yin　degüü 加 VP（动词短语）surγaγuli-daγan yabu=ba 构成的。可以描写如下：

[$_{N}$ batu] [$_{k}$yin] [$_{N}$degüü] [$_{N}$surγaγuli] [$_{k}$-daγan] [$_{V}$yabu=ba]

[$_{IP}$ [$_{kp}$ batu-yin degüü] [$_{vp}$surγaγuli-daγan yabu=ba]]。

其次，例（7）包括带领格的 batu-yin、带主格的 degüü 和带向格的 surγaγuli-daγan 等三个 KP（格短语）。它们可能有以下几种结合方式：

（8）a. batu-yin　degüü　surγaγuli-daγan 巴图的弟弟向学校
　　b. degüü　surγaγuli-daγan　弟弟向学校

① 力提甫·托乎提．从短语结构到最简方案——阿尔泰语言的句法结构［M］．北京：中央民族大学出版社，2004：24.

② 力提甫·托乎提．从短语结构到最简方案——阿尔泰语言的句法结构［M］．北京：中央民族大学出版社，2004：24.

c. batu-yin　degüü　巴图的弟弟

凭语感我们可以判断出（8）的 a 和 b 不是一个语类单位，只有（8）c 才能构成一个语类，即一个较大的 KP。如作为一个 KP，它可以跟另外一个格短语并列：

（9）batu-yin　degüü　kiged　baɣatur　surɣaɣuli-daɣan　yabu=ba.
巴图-GEN　弟弟　和　巴特尔　学校-LOC　走-PST
巴图的弟弟和巴特尔去学校了

例句中的 baɣatur 是一个专有名词，是带有主格的 KP，能与它一起并列出现的 batu-yin　degüü 也是一个 KP。

在生成语法框架下分出来的语类经得起插入、删除、移位、替代等检验。

A. 插入检验：在这一试验中，把一些插入语插入到各语类中间。一般的情况下，一个插入语不能插入一种语类的各成分之间，而只能插入两种语类之间：

（10）a. örlüge erte　batu-yin　degüü　surɣaɣuli-daɣan　yabu=ba.
早晨　早　巴图-GEN　弟弟　学校-LOC　走-PST
早晨巴图的弟弟去学校了

b. batu-yin　degüü　örlüge erte　surɣaɣuli-daɣan　yabu=ba.
巴图-GEN　弟弟　早晨　学校-LOC　走-PST
巴图的弟弟早晨去学校了

c. ?[1] batu-yin　örlüge erte　degüü　surɣaɣuli-daɣan　yabu=ba.
巴图-GEN　早晨　弟弟　学校-LOC　走-PST
巴图的早晨弟弟去学校了

由于插入语“örlüge erte 早晨”在例句（10）a 和 b 里插入到 KP 语类“batu-yin　degüü”的之前和之后时，都是合乎语法的，但是在（10）c 里，它被插入到这个 KP 内的两个成分之间时，句子就显得非常不正常，不符合语言表达习惯，这证明“batu-yin degüü”是一个语类。

B. 删除检验：在一定的上下文中某些语类是可以省略的，但删略时应该删除整个语类，不能只删除语类的某一成分。如：

（11）a. -batu-yin degüü-yi　üǰe=be üü？看见巴图的弟弟了吗？

① ？表示非正常的、奇怪的表达。

b. -üǰe=gsen 看见啦

c. -*[1] üǰe=gsen batu-yin 看见了 巴图的

d. -? degüü-yi üǰe=gsen 把弟弟看了

（11）a 和 b 合乎语法，（11）c 不合乎语法，（11）d 在上下文中不正常。因此，确定 batu-yin degüü 是一个语类。

C. 移位检验：在一定的上下文中，语类的移位是整体的移位，只移位其中的某一部分是不可以的。如：

（12）a. suraɣaɣuli-daɣan oči=ǰai batu-yin degüü. 去学校了，巴图的弟弟。

b. ? batu-yin suraɣaɣuli-daɣan oči=ǰai degüü. 巴图的 向学校去了 弟弟

c. ? degüü suraɣaɣuli-daɣan oči=ǰai batu-yin. 弟弟 向学校去了 巴图的

例（12）的 b 和 c 没有 a 那么自然，因为 b 和 c 违反了生成语法语类移位规则，语类的移位是整体的移位，不是某一部分的移位。即 batu-yin degüü 是一个语类 KP，一个整体，batu-yin 和 degüü 是 KP 的组成部分。所以，不能把 batu-yin 和 degüü 分开来移位。

D. 替代检验：一个语类可以用相近意义的其他语类来代替，但是这种代替是语类整体的代替，绝不能代替语类的某一部分。如：

（13）a. suraɣaɣuli-daɣan oči=ǰai batu-yin degüü. 去学校了，巴图的弟弟。

b. ? suraɣaɣuli-daɣan oči=ǰai batu-yin tere. 去学校了，巴图的他。

例句 b 用“tere”只替代了 KP 语类“batu-yin degüü”的一部分，所以句子显得不正常，如果用“tere”代替整个语类“batu-yin degüü”，即“suraɣaɣuli-daɣan oči=ǰai tere/他去学校了”的话，就自然了。

（四）英语的语类

单词语类和功能语类是生成语法所常用的术语。蒙古语语法把词汇划分成词类，这完全是根据词的意义和形态变化的特征而划分的，而生成语法的词汇划分则以句法为标准，划分成不同语类。生成语法研究可以说是从语类的划分开始的。

单词属于不同的类别，传统语法中称之为“词类”（Word class），生成语法

① * 表示不合语法的现象。

中称之为语类（Categorty）。语类划分的主要依据是词的语法特征，也就是句法特征，所以具有相同语法特征的属于一个语类。按照这一标准，英语的词汇可划分为十个语类：名词（Noun）、动词（Verb）、形容词（Adjective）、副词（Adverb）、介词（Preposition）、限定词（Determiner）、代词（Personal pronoun）、助动词（Auxiliary）、标句词（Complementizer）和连词（Conjunction）等。生成语法在一般描写当中，将它们缩写为英文名称首写字母，即名词（N）、动词（V）、形容词（A）、副词（Adv）、介词（Prep）、限定词（Det）、代词（Pron）、助动词（Aux）、标句词（Comp）和连词（Conj）等。根据它们是否具有词汇意义、是否属于开放性语类，这些单词语类又可分为两大类：实义语类（Content category 也叫词汇语类）和功能语类（Function category），即传统语法的虚词类。实义语类在句中主要表示词汇意义，基本都属于开放性语类；功能语类主要表示语法功能，都属于封闭性语类。在此需要强调的是，生成语法的功能语类包含的内容比传统语法虚词类丰富得多，它不但包括后置词、连词、语气词、感叹词、助动词等，也包括传统语法的构形成分，体、静词化成分、语态、否定、数、从属、格、时、人称、语气等语法附加成分。

有些单词语类可以构成自己的短语，如名词短语（Noun phrase，NP）、动词短语（Verb phrase，VP）、形容词短语（Adjective phrase，AP）等，这些短语在生成语法框架内称之为短语结构，即短语结构是两个或两个以上的单词语类构成的更大的句法单位。由于每个短语里只有一个核心词，其他成分一般都起补足语或附加语的作用，因此，一个短语就以核心词的名字命名。此外，功能语类也可以构成自己的短语结构，如格短语（KP）、时态短语（IP）、副词化短语（ADVLP）、名词化短语（NOMLP）、形容词化短语（ADJLP）等。这些成分在生成语法框架内不再是实词类的伴随成分，而是能够作为短语结构核心，构成自己短语的一种语类。

例：（14）The boy met a student.

$[_{N}P\ [_{D}The]\ [_{N}boy]\ ]\ [_{vp}\ [_{v}met]\ [_{NP}\ [_{D}\ a]\ [_{N}student]\ ]\ ]$

S→NP+VP

NP→DET+N

VP→V+NP

例句中，短语“The boy”的核心词是名词“boy”，所以短语“The boy”以它的核心词命名为名词短语。短语“met a student”的核心词是动词“met”，所以短语“met a student”为动词短语。

（五）蒙古语的词类和动词短语结构

如上所述，生成语法不但有单词语类也有功能语类。而蒙古语传统语法一般把词汇按照其意义和形态变化特征划分词类，而且在多数情况下它们与生成语法的单词语类之间存在一对一的关系。本部分重点介绍蒙古语动词类和动词短语类。

1. 蒙古语的词类

根据清格尔泰教授在《蒙古语语法》（1992）中的划分，蒙古语词类有静词类、动词类和无变化词类等。静词类包括：名词、形容词、数量词、时位词和代词；动词类包括：实义动词和虚义动词①，依据词尾形态变化动词又可以分为式动词、副动词、形动词等；无变化词类包括：副词、情态词、摹拟词、后置词、语气词、连接词和感情词等。②

上述分法是完全依据词的意义来划分的。如：名词是表示事物名称的词；形容词是表示事物的性质、特征的词；动词是表示动作、变化的词等。同时，它也是完全依据词的形态变化划分的。如：名词有格、数和领属等变化；形容词有比较级、最高级等变化；动词有人称、时态、式、体、态等变化。如不详细分析的话，觉得词类分类法没什么缺点。但是，在实际运用中，有些词类的划分就欠说服力了。如：

（15）a. “yeke kömün ”（大人）；

“ baγ_a　keüked”（小孩）；

“keüked　yeke　bol=ǰai”（孩子长大了）。

“ qubčasu　baγ_a　bol=ǰai”（衣服小了）。

yeke kömün/大人和 baγ_a　keüked/小孩”中，“yeke 和 baγ_a”形容“人和孩子”，所以是形容词。但在“keüked yeke bol=ǰai/孩子长大了”和“qubčasu

① 虚义动词包括代动词、概称动词、联系动词和助动词。

② 清格尔泰．蒙古语语法［M］．呼和浩特：内蒙古人民出版社，1992.

baγ_a　bol=ǰai/衣服变小了”类似用法中，“yeke 和 baγ_a”修饰助动词又成了副词。那么，为什么会出现同一个词有两种词性的情况？再如：

b. “kele=ǰü　čida=qu”（会说）；

说-ADVL　会-ADJL：FUT

“üǰe=megče　tani=ǰai”（一看便认出了）；

看-ADVL　认出-PST

“yabu=γsan　kömün ”（走的人）；

走-ADJL　人

“ide=lgüi”（别吃了）。

吃-NEG

词类分类法对上述例子当中的“kele=ǰü”的词类定义是副动词，也就是“kele=ǰü”兼有副词和动词的性质；“yab=u=γsan”是兼有形容词和动词两种词类的性质，而“ide=lgüi”兼有名词和动词的性质。这组例句中，又出现了另一种情况，同一个词同属于两种词类。如果一个词在某些情况下有副词的性质，在另一种情况下有动词性质的话，还能说得通。但是，实际情况并非如此。形动词和动名词也存在同样的问题。

可见，依赖词法特征还不足以确定所有词的词类，更为行之有效的方法是利用词的第二种语法特征，即句法特征。所谓句法特征主要是指词的分布特征，即词在句中出现的位置，能在同一位置使用的词属于同一个语类。①换句话说，如果一个词出现在 N 底下，它就是名词；出现在 A 底下，它就是形容词；出现在 V 底下，它就是动词，以此类推。

本书重点不是从生成语法的角度对蒙古语词汇进行更合理、更科学的划分，而是对蒙古语动词语类中所谓的“副动词”类进行全新意义的界定和分析。

2. 蒙古语动词短语结构

乔姆斯基认为，词库中所存储的词条和功能性成分都带有一组完整的句法特性，这些特性中最显著的是表示该成分本质的那个特征，如表示名词的+N，表示动词的+V，表示限定词的+D 等等。短语是核心语类的投影，也是主要特性的投影，如动词的最大投影一定是+V 的最大投影。因此，蒙古语动词短结构的核

① 温宾利．当代句法学导论［M］．北京：外语教学与研究出版社，2002.

心语类是动词，其他成分一般起补足语和附加语的作用，每个短语以核心词来命名。但是，蒙古语语气词、摹拟词等词类不会起核心作用，所以这些单词语类就没有相应的短语。蒙古语也没有英语的介词短语，但有格短语。力提甫·托乎提教授指出：“阿尔泰语言的格可以构成自己的格短语（KP），相当于英语的介词短语。”① 如：

（16）“boruγan oru=ba”（下雨了）；“saran_a-yin nom”（萨日娜的书）等。

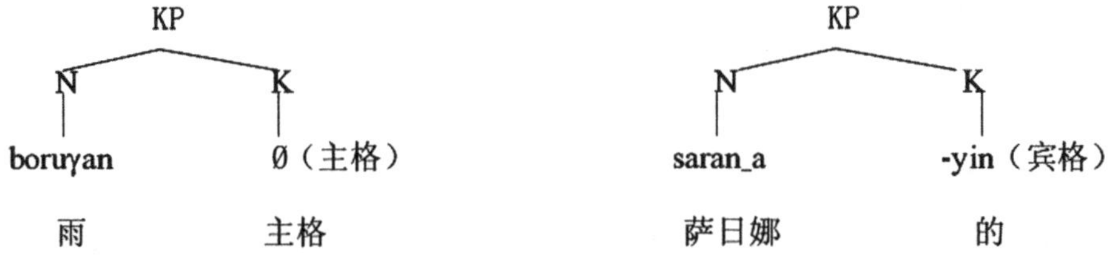

还有静词化成分（SUBS），如传统语法所谓的副动词、形动词、动名词中的副词化成分（Adverbializer，缩写为 ADVL）、形容词化成分（Adjectivalizer，缩写为 ADJL）和名词化成分（Nominalizer，缩写为 NOML）是附加在原有的动词短语或小句之后，形成了副词化短语（ADVLP）、形容词化短语（ADJLP）和名词化短语（NOMLP）。如：“kino üǰe=ǰü bara=qu”（看完电影）；“önggere=gsen（kereg）”（过去的（事））；“ab=u=laγ_a tai ”（欠你的）等。

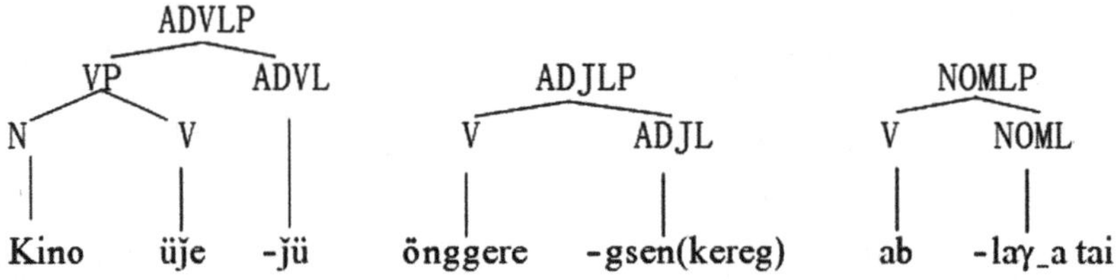

蒙古语屈折成分 I 也可以构成自己的短语 IP。I 包括表时间和人称的成分。如：“bi aǰil ki=be”（我干活了），用树状图表示如下：

① 力提甫·托乎提．从短语结构到最简方案—阿尔泰语言的句法结构［M］．北京：中央民族大学出版社，2004：18.

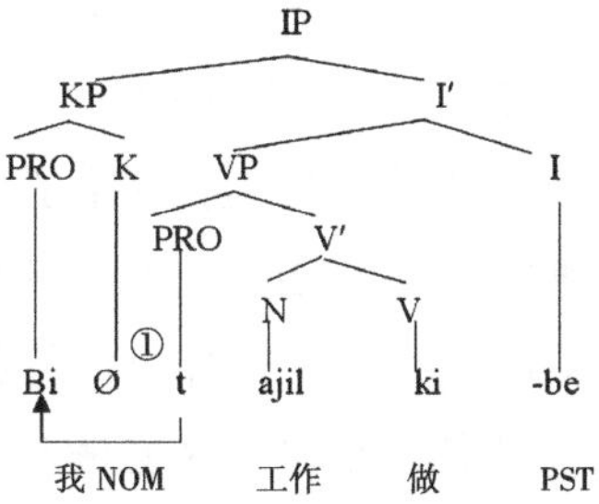

综上所述，蒙古语语类有单词语类和功能语类，这些语类可以构成各自的短语结构；在树状图中不但有母亲节点 IP、S、I、KP、VP、女儿节点 S、I、KP、VP、NP_1、K、NP_2、V，还有姊妹节点 S 与 I、KP 与 VP、NP_1 与 K、NP_2 与 V；句法层次不但有居上居下关系，如 IP 居于 S 与 I 上，S 居于 IP 下等；还有领先随后关系，如 S 领先于 I，I 随后于 S 等。这些分析和传统语法相比显然更清晰更有说服力。生成语法主要把传统语法的词法与句法相脱离的状况打破，在句法里包括了传统语法在词法部分讨论的词形变化及其功能，把它们合为一体用语类来体现。从而解决了传统语法一直没能很好解决的一些问题。

总之，蒙古语的单词语类可分为词汇语类和功能语类两种。如下图所示：

- 单语语类
  - 词汇语类
    - 名词语类（N）：nara（太阳）、γar（手）mori（马）、…
    - 形容词语类（A）：sayin（好）、čeber（干净）narin（细）、…
    - 数词语类（Num）：nige（一）、nigedüger（第一）、qoyar（俩）、…
    - 代词语类（Pm）：bi（我）、tere（他）、ende（这里）、…
    - 动词语类（V）：üǰe（看）、ab（拿）、biči（写）、…
    - 副词语类（Adv）：tung（很）、ulam（更加）、neng（更）、…
  - 功能语类
    - 后置词语类（Pst）：metü（等）、daγau（沿着）、γarui（左右）、…
    - 连词语类（Conj）：kiged（与）、bolun（和）、ba（及）、…
    - 感叹词语类（Intrj）：wasi（真是）、ai（哎）、küYi（喂）、…
    - 语气助词语类（Part）：bui（呀）、yum（是）、side（呗）、…
    - 格语类（K）：-yin（…的）、-bar（用…）、-eče（从…）、…
    - 静词化成分（SUBZ）
      - 副词化成分（ADVL）：-ǰu、-γad、-bal、…
      - 形容词化成分（ADJL）：-γsan、-daγ、-qu、…
      - 名词化成分（NOMLZ）：-lügei、-ltai、-lγ_aügei、…
    - 屈折成分（I）：-ba、-n_a、-l_a…

① 动词短语内部的“bi”为了获得主格移位留下的语迹。

这里值得注意的是，本书中功能语类所包含的格语类（K）、副词化成分（ADVL）、形容词化成分（ADJL）、名词化成分（NOML）、屈折成分（I）等在过去的传统语法中一直被作为形态成分处理，忽略了它们的句法功能，导致有些用法上自相矛盾的解释。因此，在生成语法理论的启发下，我们初步认识到它们的句法作用，把它们归入到功能语类里，这样可以避免把俄语等屈折语言的语法模式强加给粘着型语言——蒙古语的情况。这也是本书的创新点之一。

分清楚单词语类后，短语结构的辨认就容易多了。因为两个或两个以上单词语类相加而构成的结构就是短语。如：

短语结构
- 名词短语（NP）：emči ①kömün（大夫），mini abu（我父亲），…
- 动词短语（VP）：nom ungsi=qu（读书），ajil ki=kü（干活），…
- 形容词短语（AP）：baγa（小），sayin（好），…
- 副词短语（ADVP）：nigemüsün（完全），yekede（非常），…
- 格短语语（KP）：baγsi-yin（老师的），nutuγ-tu（在故乡），…
- 静词化短语
  - 副词化短语（ADVLP）：sečen daγuu daγula=ǰu，② …
  - 形容词化短语（ADJLP）：sečen yabu=γsan，③ …
  - 名词化短语（NOMLP）：qoγula idelegüi，④ …
- 屈折短语（IP）——→时态短语（TP）：sečen yabu=n_a，⑤ …

当我们在单词语类里确认了格语类（K）、副词化成分（ADVL）、形容词化成分（ADJL）、名词化成分（NOMLZ）、屈折成分（I）等功能语类的存在后，就可以相应地确认格短语（KP）、副词化短语（ADVLP）、形容词化短语（ADJLP）、名词化短语（NOMLZP）、屈折短语（IP）或时态短语（TP）的存在。因为《最简方案：句法理论与英语结构》⑥ 出台以后的生成语法理论明确规定，功能语类一般都是支配者，它们支配其他语类构成自己的短语结构。如：

① 划线部分是该短语的核心语类。
② 斯琴唱着歌。
③ 斯琴走。
④ 别吃了。
⑤ 斯琴在走。
⑥ Radford，Andrew. *Syntactic Theory：A Unified Approach*，（Second Edition）Oxford University Press，1997.

sečen　daγuu　daγula=ǰu

斯琴　歌曲　唱-ADVL

斯琴（正在）唱着歌

动词短语“sečen　daγuu　daγula/斯琴唱歌”连接副词化成分“-ju”后，动词短语所表达的意义发生了变化，“斯琴唱歌”转变为“斯琴正在唱歌”。在这里新增加的语法意义是连接副词化成分“-ju”后增加的，这层语法意义不只涉及动词“daγula”，还贯穿着整个短语“sečen　daγuu　daγula=ǰu”。所以我们可以理解为副词化成分“-ju”在支配整个短语，副词化成分“-ju”是整个短语的核心语类，动词短语连接副词化成分后，构成了副词化短语。这与传统语法里把它们作为其他实词类的伴随品而归入词法处理的做法大有区别。

二、X 标杆理论

X 标杆（X-bar 或 X）理论，也叫“语杆理论”。X 标杆理论最初由乔姆斯基在 1970 年发表的《论名物化》一文中提出，后来由 Jackendoff（1977）*X-bar Syntax: A study of phrase structure* 一文得到发展和完善。X 标杆理论对整个生成语法体系产生了深远的影响，因而它与格理论、管辖理论、约束理论、控制理论、界限理论、θ 理论等被称为生成语法理论的子系统。在该理论中，X 代表名词（N）、动词（V）、形容词（A）、介词（P）等语类，生成语法理论完善过程中 X 也包括了功能语类。

标杆指每个语类投射的程度（或传统语法中所讲的扩展成分）。标杆（bar）指 X 上面的杠杆，其数量的多少取决于 X 的投射成分的多少。如果 X 的投射成分只有一个 Y，那么 X 表现为 $\bar{X}$（带一个标杆的 X）即 X→YX。考虑到输入电脑方便，X 上面的标杆 $\bar{X}$，用右上角的撇号来代替，即 X′、X″、X‴…等。如：

（17）a. dance：VP＝V′　John danced. /约翰跳舞了。

b. sing：VP＝V″ John sang a song. /约翰唱了一首歌。

c. put：VP＝V‴ John put the book on the table. /约翰把书放在桌子上。

也就是说（17）a 句里的动词 dance 是一个标杆的动词，即它有施事论元就可以。（17）b 句的动词 sing 是带两个标杆的动词，因它要求一个施事论元和一个受事论元。(17) c 的动词 put 是带三个标杆的动词，因为它需要一个施事论元、一个受事论元和一个地点论元。它们的树形图如下：

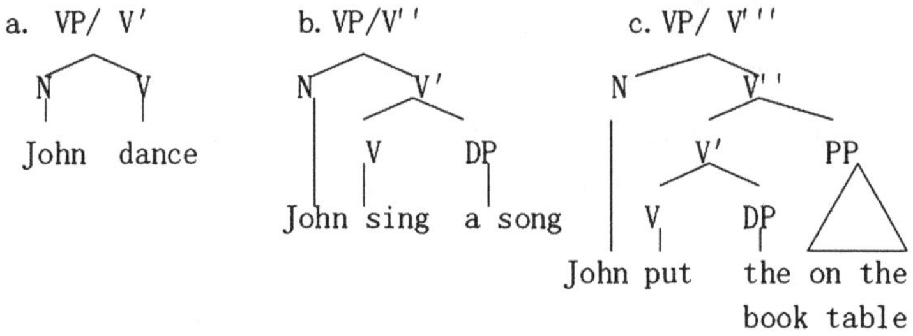

传统语法中，词与词按照一定的方式组合在一起组成短语，但在生成语法里，一个词也可以组成自己的短语，例如 book。从理论上讲，一个词组可以无限地扩展，但不一定每个扩展成分都增加中心词的标杆，因为在许多情况下这种扩展是具有递归性的，即一个修饰成分修饰另一个同样带有修饰成分的名词。[①] X 标杆理论对语类规则提出了非常严格的要求，使其更加严谨和准确，具体要求如下：

一、在一个 X 语类里，X 必须是核心词（head），即在一个名词短语里必须有一个名词作为核心，在一个动词短语里必须有一个动词作为核心等。

二、一个词的最大投射可被看成是该词的充足短语（full phrase），因此可以用 XP 来表示。那么，从短语结构 XP 到单词语类 X 的过程中，标杆随着中间语类的分叉逐级减少。也就是说，如果一个名词短语的最大投射是两个标杆，即 N″，那么这个 N″也就等于 NP，在 NP 和 N 之间的 N′是中间语类（Intermediate category）。

三、X 标杆理论严格区分一个语类中的必有成分和可有可无成分。一个短语结构的核心词是构成该短语的关键成分，整个短语也以这个核心词命名。[②]

本书将运用生成语法理论提出的 X 标杆理论和一套符号来对蒙古语副词化短语加以描写和分析。

① 力提甫·托乎提．维吾尔语格的省略和 X 标杆理论［J］．民族语文，1999（2）．

② 力提甫·托乎提．从短语结构到最简方案——阿尔泰语言的句法结构［M］．北京：中央民族大学出版社，2004：37.

第二节　现代蒙古语副词化短语

本小节将运用生成语法语类规则、X 标杆理论来分析蒙古语副词化短语。首先对蒙古语传统语法中的副动词分类和处理进行分析，通过分析发现传统语法处理副动词问题的一些弊端，再运用生成语法理论将传统的副动词处理为副词化短语，从而解决这些矛盾和问题。

一、传统语法的蒙古语副动词

欧洲蒙古语言学家们认为，蒙古语的副动词就如同印欧诸语言的 converbum，converbum 在欧洲传统语言学中的解释是有动词和副词双重性质的词。因此，蒙古语言学家们也把蒙古语的副动词看作是有动词和副词双重性质的词，属动词范畴。无论在语法书还是在教科书中，对有没有副动词没有争议，只是在副动词的数量以及分类上还没有统一。[①]

从 20 世纪 50 年代到 80 年代初，学者们对蒙古语副动词的种类问题有很大分歧。数目上主要有九分法、十一分法、十二分法和十五分法，由于分类数目的多少不统一，导致说法不一样的副动词出现。出现上述情况的主要原因有以下几种：

1. 从不同的角度理解同样的副动词附加成分，导致其被划分为不同的种类。如有的学者将副词化成分“-ngγuta/-nggüte”命名为紧随附加成分[②]，也有的将其命名为趁机附加成分[③]。

2. 误把名动词附加成分划入副动词附加成分。如附加成分“-lügei”。目前普遍认为“-lügei”附加成分是构成蒙古语名动词的附加成分。[④]

---

① ［蒙古］波·邴巴桑等．现代蒙古语词法结构（色·嘎日迪转写）［M］．呼和浩特：内蒙古教育出版社，1992：220.

② 现代蒙古语［M］．呼和浩特：内蒙古教育出版社，1983：293.

③ 内蒙古大学蒙古学学院蒙古语文研究所．现代蒙古语［M］．呼和浩特：内蒙古人民出版社，2005：621.

④ 力提甫·托乎提．从短语结构到最简方案——阿尔泰语言的句法结构［M］．北京：中央民族大学出版社，2004：37.

3. 把古代蒙古语的附加成分“-rün”包括在蒙古语副词化成分当中①，现代蒙古语几乎不再用“-rün”附加成分了。

4. 将可以归到同一种类的附加成分分别归类到不同的种类当中。如“-ngγuta/-nggüte；-ngγan/-nggen”都是表示顺便做某个动作的附加成分，可是有的分类法把“-ngγuta/-nggüte”和“-ngγan/-nggen”分别归到了不同的种类②。

由于上述种种原因，当时的蒙古语副词化成分种类可谓五花八门，学界不能达成统一的共识。到20世纪90年代，蒙古语副词化成分的种类逐渐统一起来，大体按照副动词连接方式的特点，将其分为三大类：第一类为单纯连接副动词，包括并列副动词（-ǰu/-ǰü、-ču/-čü）、先行副动词（-γad/-ged）、联合副动词（-n）等；第二类为制约连接副动词，包括假定副动词（-bal/-bel（-basu/-besü））、让步副动词（-baču/-bečü（-yaču/-yečü））、迎接副动词（-tal_a/-tel_e）、立刻副动词（-maγča/-megče（-naran/-neren））、跟随副动词（-qular/-küler（-qul_a-ban/-kül_e-ben））、目的副动词（-qar/-ker（-quy_a/-küy_e））、趁机副动词（-ngγ_a-ban/-ngg_e-ben（-ngγuta/-nggüte））和前提副动词（-manǰin/-menǰin（-man/-men））等；第三类为混合连接副动词，它只有延续副动词（-γsaγar/-gseger）。

蒙古语语法所谓的副动词属动词形态变化的一种形式。如导论中所提到的现代蒙古语语法把动词分为词干变化和词尾变化两种，其中副动词是由词尾变化形成的一种动词。比如，动词yabu（走）+后缀ǰu→ yabu=ǰu（走着）；动词ide（吃）+后缀ged→ ide=ged（吃了）等。“-ǰu、-ged”就是起词尾变化作用的附加成分，在原态动词yabu（走）和ide（吃）上附加上述两个附加成分后，动词由原来的原态动词变成了所谓的副动词。

现代蒙古语副词化附加成分数量多、使用频率高，所以对它们的区分和研究尤为重要。但是，本书认为，到目前为止，对副动词的分类、解释和实际运用还有些问题需要进一步分析和研究。

本书以道布研究员的《蒙古语简志》、清格尔泰教授的《蒙古语语法》和内

① 舍·罗布苍旺丹. 蒙古语法［M］. 呼和浩特：内蒙古人民出版社，1951：185.

② 高等学校教材·现代蒙古语法［M］. 呼和浩特：内蒙古教育出版社，1983：293.

蒙古大学蒙古学学院语言研究所《现代蒙古语》等三部著作中的实例为例进行分析。

（一）副动词的内涵及传统语法的词法处理

上述三部著作中，对副词化成分有以下三种解释：

1.《蒙古语简志》认为：动词类有连接形，即动词后面可以接各种连接形附加成分，表示这个动词跟别的动词的连用。有人把带各种连接形附加成分的动词叫作“副动词”。①

2.《蒙古语语法》认为，副动词是动词的连接形式，相当于静词类的格的形式。静词类的“格”的形式下边连接的是动词和静词，但副动词下边连接的只是动词。②

3.《现代蒙古语》认为，副动词是以各种连接形式连接动词，拥有表示主要行为的条件、状态、假定等情况的专门附加成分的动词。副动词一般不能担当表示完整意义的谓语。形式上如不表示时间，其实可以表示相对时间。如：“kele=ged/说了之后、üǰe=bel/看的话、ulayi=γsaγar/红着”等都是副动词。③

上述三部语法书中，对副动词概念的描述都强调了副动词具有连接作用，也就是认为“副动词”整体在起连接作用；没有把动词和构成“副动词”的附加成分分开来研究。《蒙古语语法》认为，“副动词形式相当于静词类的格形式”，这种观点很有启发意义，但是起动词之间“格”作用的不是“副动词”整体，而是构成“副动词”的附加成分，它在连接各动词的同时，起着“格”的作用。如：

(18)	ᠡᠨᠡ	ᠭᠤᠤ ᠶᠢᠨ	ᠢᠷᠮᠡᠭ	ᠮᠠᠭᠤᠳᠠᠵᠤ	ᠪᠠᠶᠢᠬᠤ	ᠮᠠᠭᠠᠳ ᠦᠭᠡᠢ
	ene	γuu-yin	irmeg	maγuda=ǰu	bayi=qu	maγad ügei. ④
	这	沟-GEN	边儿	变坏-ADVL	有-ADJL：	FUT 可能-NEG

① 道布．蒙古语简志［M］．北京：民族出版社，1983：83.

② 清格尔泰．蒙古语语法［M］．呼和浩特：内蒙古人民出版社，1992：267.

③ 内蒙古大学蒙古学学院蒙古语文研究所．现代蒙古语［M］．呼和浩特：内蒙古人民出版社，2005：520.

④ 内蒙古大学蒙古学学院蒙古语文研究所．现代蒙古语［M］．呼和浩特：内蒙古人民出版社，2005：621.

这沟的边儿可能（正在）变差。

《现代蒙古语》认为，该句中副动词附加成分“-ǰu”连接“maγuda”和“bayi=qu maγad ügei”，从而形成了“maγuda=ǰu bayi=qu maγad ügei”复合谓语。

本书认为，“bayi=”是助动词，“-ǰu”连接的是整个动词短语“ene γuu-yin irmeg maγuda-”，两者结合后表示一种“体”的意义。因此，可以说，在两者之间表示语法关系的附加成分是“-ǰu”，并非“maγudaǰu”。换句话说，动词短语“ene γuu-yin irmeg maγuda-”与附加成分“-ǰu”连接后，在修饰助动词“bayi=”，而“maγuda-”和“-ǰu”不是原本就粘着在一起的整体。

《蒙古语语法》认为，“按照各该语言的传统规则被组织在句子里边的各个词之间的关系是不同的……在一些有句法关系的词与词之间的联系方式有：词的形态变化，如动词的副动词变化等”①。动词的副动词变化可以构成状述关系词组。如：ire=ǰü kele=kü（过来说）；ire=ged asaγu=qu（过来问）；očoyi=n saγu=qu（蹲着坐）；oči=bal oči（去就去吧）；kele=megče mede=ǰei（一说就知道了）；ire=küler-ni asaγu（来的时候问）；uda=tal_a alaγ_a tasi=ba（掌声经久不息）；mede=bečü kele=kü ügei（知道也不说）；sur=u=manǰin saYi čida=n_a（学了才会）；güyü=gseger ire=be（跑着来的）；üǰe=kü-ber oči=n_a（去看）等。还可以构成联合关系词组，即动词的联合关系主要以单纯连接副动词形式出现②。如：sonus=ču saγu=n_a（坐着听）；qara=ǰu ǰoγsu=n_a（站着看）；ire=ged kele=ǰei（来说了）等。

本书认为，在状述关系词组的情况下，除了有时副动词附加成分可以连接两个动词构成“üsür=tel_e čoki=qu/痛打 ükü=n barimtala=qu/顽固地坚持”等状述关系复合动词以外，“ire=ǰü kele=kü（过来说）；ire=ged asaγu=qu（过来问）；očoyi=n saγu=qu（蹲着坐）…”等所谓“状述关系词组”的情况有待进一步分析。首先，“ire=ǰü kele=kü”应该有一个隐形主语，可以用空语类（e）表示，即［e ire=ǰü e kele=kü］；其次，这个词组中不但有构成副动词的附加成分“-ǰü”，而且还有构成形动词的附加成分“kü”，所以应该把它们分开考虑，即

① 清格尔泰．蒙古语语法［M］．呼和浩特：内蒙古人民出版社，1992：483.

② 清格尔泰．蒙古语语法［M］．呼和浩特：内蒙古人民出版社，1992：513.

［e ire=ǰü］，［e ire=ǰü e kele-］，［e ire=ǰü e kele=kü］；再次，［e ire=ǰü］的形成是先有一个［e ire］动词短语，然后再加“-ǰü”后形成［e ire=ǰü］，是以附加成分“-ǰü”为核心的“副词化短语”。［e ire=ǰü e kele=kü］的情况也一样，即［e ire=ǰü kele-］（动词短语）+［-kü］（形成形动词的附加成分）合并后构成［e ire=ǰü kele=kü］形容词化短语。“形容词化短语”是运用生成语法理论处理传统语法中阿尔泰诸语言的“形动词”现象后提出的全新概念。“形容词化短语”和“副词化短语”一样，是阿尔泰诸语言中存在的静词化短语的又一种形式。“形容词化短语”不在本书讨论范围之内，这里就不再赘述。

《蒙古语简志》认为，短语前后衔接有三种方法，其中一种方法是通过前面动词性短语连接形动词串联起来。[①] 例如：

（19） ᠥᠨᠳᠡᠭᠡᠨ ᠡᠴᠡ ᠶᠠᠰᠤ ᠡᠷᠢᠵᠦ ᠥᠭᠡᠬᠦᠨ ᠡᠴᠡ ᠰᠢᠷᠪᠥᠰᠦ ᠡᠷᠢᠬᠦ

öndegen-eče yasu eri=ǰü ögekün-eče sirbösü eri=kü.[②]

鸡蛋-ABL 骨头 找-ADVL 脂肪-ABL 筋 找-ADJL：FUT

鸡蛋里挑骨头，脂肪里找筋。（成语：“吹毛求疵”）

《蒙古语简志》与《现代蒙古语》和《蒙古语语法》不同，它们把句中出现的副动词问题归到词法来解释。也就是认为“öndegen-eče yasu eri=ǰü”是短语，而且是动词性短语。按照我们上面的分析，“öndegen-eče yasu eri=ǰü”是短语，但不是动词短语，它是动词短语“öndegen-eče yasu eri-”附加副词化成分“-ǰü”构成的副词化短语。即认为附加成分“-jü”是动词“eri-”的形态变化问题，将副词化短语指认为动词短语是混淆了句法层次的表现。

总之，在《现代蒙古语》和《蒙古语语法》中，把上述例句都归到复合句问题里，在句法部分做解释。但是在《蒙古语简志》里，却把它归到词法部分做解释，没有深入句法层次去考察论证附加成分“-ǰü”的句法意义，单纯地将问题全部归词法部分，认为这是词法问题。

还有一些表现形式稍微特殊的情况，实际上也是同样的问题。如，短语套短语时，短语作谓语的情况。例：

① 道布．蒙古语简志［M］．北京：民族出版社，1983.

② 道布．蒙古语简志［M］．北京：民族出版社，1983：129.

（20）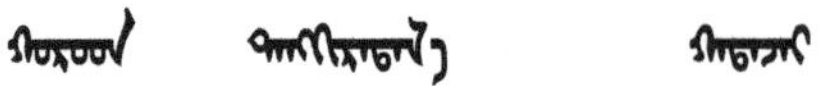

qurud　danggir=tal_a　qata=ǰai.[①]

奶豆腐　叮当-ADVL　干-PST

奶豆腐干得当当响了。

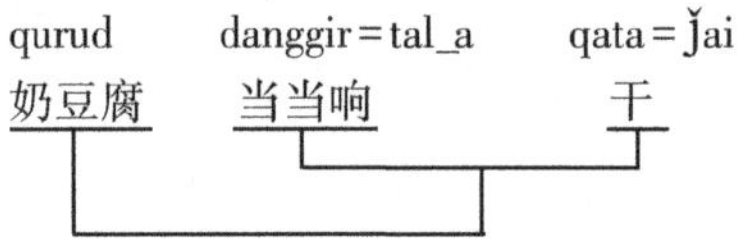

这种分析在《蒙古语语法》等语法书中处理状述关系词组问题时也存在。例句的句法层次关系应该作如下考虑：

第一步 ［danggir-］ + ［-tal_a］ = ［danggir=tal_a］；

第二步 ［danggir=tal_a］ + ［qata-］ = ［danggir=tal_a qata-］；

第三步 ［qurud danggir=tal_a qata-］；

第四步 ［qurud danggir=tal_a qata=ǰai］。

所以，本书认为，“danggir=tal_a qata=ǰai”不是句子的短语谓语，即不是复合谓语。在这里“danggir=tal_a”虽然不是“qata-”的必有成分，但它作为界限副词化短语，与“qata-”合并构成了动词短语“danggir=tal_a qata-”。我们认为，虽然从共时研究的角度，构成复合动词的“副词化成分”和构成“副词化短语”的“副词化成分”的作用是不一样的，但从历时角度分析，它是同一个现象的不同发展。

总之，上述三种语法书都强调构成副动词的附加成分的连接作用，而忽视了它的句法层次问题；而且对副词化附加成分每一种连接的区别，即连接两个实义动词、连接实义动词和助动词、连接实义动词和情态动词等几种情况的区别也没有进一步详细分析。

（二）副词化短语及生成语法的句法处理

现代蒙古语法主要在处理复合句中使用的副动词问题时涉及句法，本书仍用《现代蒙古语》《蒙古语语法》中的实例来做分析。

① 道布．蒙古语简志［M］．北京：民族出版社，1983：131.

《现代蒙古语》认为，蒙古语复合句依据分句间的关系可以分为并列复合句和制约复合句两种。① 并列复合句是分句之间有并列关系的句子，它通常由连词连接两个简单句或由单纯连接副动词连接等方式构成。如单纯连接副动词连接构成的并列复合句有：

（21）

qabur　dulaɣaqan　bol=ǰu　času mösü　qayil=ǰu　ekile=b_e.

春天　暖和　成-ADVL　雪　冰　融化-ADVL　开始-BOUT

春天变得暖和，冰雪开始融化了。

我们认为句子“qabur dulaɣaqan bol=ǰu času mösü qayil=ǰu ekile=b_e.”的主要部分，也就是主句是“času mösü qayil=ǰu ekile=b_e./冰雪开始融化了”，其前面的“qabur dulaɣaqan bol=ǰu/春天变得暖和”是在修饰主句，而它的形成是动词短语［qabur dulaɣaqan bol-］+副词化成分［-ǰu］→［qabur dulaɣaqan bol=ǰu］，也就是为了修饰主句，动词短语［qabur dulaɣaqan bol］与附加成分［-ǰu］形成了新的短语。该短语有修饰主句的功能，相当于一个副词，但其内容大于一个副词，所以我们称其为“副词化短语”。

《蒙古语语法》认为，依据句子里是否包含体述关系词组和其连接情况，可以将句子划分为单纯句、包孕句、复合句等几种情况。② 如果句子里只有一个主语、谓语结构，称之为单纯句；如果除了一个主语、谓语结构外，还包含其他的体述结构，则称之为包孕句。包孕句中的体述关系词组起一种句子成分的作用，因此把它叫做成分句。包孕句中可以有一个成分句，也可以有几个成分句。成分句可以有各种不同的功能，且按功能不同可以分为主语成分句（或体语成分句）、谓语成分句（或述语成分句）、定语成分句、宾语成分句、状语成分句等。

传统语法认为，例句（21）的情况是内含副动词的句子主要充当主句状语成分句。“qabur dulaɣaqan bol=ǰu/春天变得暖和”是动词“ekile=b_e/开始了”的状语（即状语成分句）。再如：

---

① 内蒙古大学蒙古学学院蒙古语文研究所．现代蒙古语［M］．呼和浩特：内蒙古人民出版社，2005：680.

② 清格尔泰．蒙古语语法［M］．呼和浩特：内蒙古人民出版社，1992：519.

(22) ᠴᠢᠮᠠᠶᠢ ᠶᠠᠪᠤᠭᠠᠳ ᠢᠷᠡᠲᠡᠯᠡ ᠪᠢᠳᠡ ᠡᠨᠳᠡ ᠬᠦᠯᠢᠶᠡᠵᠦ ᠪᠠᠶᠢᠶ᠎ᠠ

čimayi yabu=γad ire=tel_e bide ende küliye=ǰü bayi=y_a.

2nd-ACC 去-ADVL 回来-ADVL 1st 这里 等待-ADVL 在-IMP1

我们在这里一直等到你回来。(状语成分句)

"čimayi yabu=γad ire=tel_e/你去回来"是整个句子的状语成分句。

这里所谓的状语成分句其实就是动词短语"čimayi yabu=γad ire"附加副词化成分"-tel_e"形成的"副词化短语"。

《蒙古语语法》又认为，复合句是一个句子里包含两套以上的体述结构或句子的形式，而这些体述结构或句子形式互不构成句子成分时称之为复合句。①如：

(23) ᠡᠭᠦᠯᠡ ᠠᠷᠢᠯᠤᠭᠠᠳ ᠰᠠᠯᠬᠢᠨ ᠨᠠᠮᠳᠠᠪᠠ

egüle aril=u=γad, salkin namda=ba.

云 散-ADVL 风 小-PST

云散了，风也小了。

本书认为，该例句情况与《现代蒙古语》中出现的例句（21）的情况一样。主句即全句的主要部分是"salkin namda=ba/风也小了"，"egüle aril=u=γad/云散了"是在修饰"salkin namda=ba/风也小了"。说话者主要想表达的意思是"风小了"，所以"egüle aril=u=γad/云散了"对主句来说是修饰部分，不是必有成分。

无论是《现代蒙古语》还是《蒙古语语法》都认为，句中构成副动词的附加成分"-ǰu，-tal_a，-γad"等是在连接两个部分，从而构成复合句。传统语法学把句子作为最高级的句法单位，它由词和词组构成，并从结构上把句子分为简单句和复合句。显然，这是将单句和复合句作为句子中两种不同类别看待。可是，传统语法又认为复合句由两个或两个以上的简单句组合而成。这实际上又把复合句看作高于简单句的另一种句法单位。这种理论上的前后矛盾是蒙古语复合句问题各种观点长期得不到统一的根源之一。②

总之，现代蒙古语语法副动词问题出现类似矛盾，是因为传统语法理论将应

① 清格尔泰．蒙古语语法［M］．呼和浩特：内蒙古人民出版社，1992：556.

② 特图克．蒙古语基本语法范畴［J］．内蒙古民族师范学院学报，1997（2）.

当起句法功能的成分作为词法成分处理，学者们又被这种理论所束缚造成的现象。

道布研究员在《蒙古语杂谈》一文中指出，“在蒙古语里面，‘格’语缀是非常活跃、非常重要的语法手段。首先，‘格’语缀是使用范围极广、极具普遍性的一种语缀。这是蒙古语‘格’范畴的第一特点。其次，‘格’语缀经常接在单个‘词’后面，所以，人们常常把它看成是‘词’的形态变化。”其实，当我们做句法分析时就会发现，在相当多的情况下，“格”语缀是加在整个短语上。如：

ᠮᠠᠷᠭᠠᠰᠢ ᠶᠢᠨ　ᠥᠭᠡᠬᠦ ᠡᠴᠡ　ᠥᠨᠥᠳᠦᠷ ᠦᠨ　ᠠᠭᠤᠰᠬᠢ　ᠳᠡᠭᠡᠷ᠎ᠡ

maryasi-yin　ögekü-eče　önüdür-ün　ayuski　deger_e.

明天-GEN　脂肪-ABL　今天-GEN　肺　好

明天的脂肪不如今天的肺好（强调看问题要注重现实性）。

这句话所表达的意思，并不在于“脂肪”跟“肺”哪个好，而是在于“明天的东西”今天还没有拿到，靠不住，不如今天已经拿到手的东西来得现实。所以，句子里“-eče 离格”语缀就不能被看作是只加在“ögekü 脂肪”这个名词上面，而应该看作是加在“maryasi-yin ögekü 明天的脂肪”这一整个短语上面。从这里可以看出蒙古语“格”范畴的第二个特点，就是它并不局限于表示词与词之间的语法关系。换句话说，蒙古语“格”语缀并不总是只粘附在“词”上，也常常粘附在“短语”上。①

本书认为，在传统语法框架内，蒙古语“格”范畴的这一特点过去似乎没怎么强调，在生成语法框架内“格”是独立的功能语类，它可以构成自己的短语。这样一来，道布先生所提到的问题，自然就得到了合理的解释。同样，我们把副词化成分也看成是功能语类，它也能构成自己的短语。由此，有关副词化短语的句法层次问题也迎刃而解了，更不存在句子层面的争论。

道布研究员的观点对本书研究有很大启发。本书讨论的构成副动词的附加成分，即“副词化成分”在上述“egüle aril=u=yad，salkin namda=ba. /云散了，风也小了”等复合句中的情况和名词“格”的情况是一样的。副词化成分“-yad”并不是只添加在动词“aril-”上，而应看作是添加在整个“egüle aril-”动词短

① 道布．蒙古语语缀杂谈．首届蒙古语言文化学术研讨会“论文提要”．北京．2006.

语上的成分，副词化成分合并的部分不是单个动词，而是整个动词短语。这些“副词化成分”就好比是动词的“格”一样，把整个动词短语副词化了。

道布研究员进一步指出，“从上述两个特点看蒙古语的‘格’范畴在语法体系当中所处的地位就值得进一步讨论了。把‘格’范畴只放在静词类（包括形动词）项下讲，局限性比较大，读者不容易打开视野，看到‘格’语缀在短语层面上的使用，跟句法分析脱节。因此，我们可以设想：在讲词类的时候，可以讲分类的依据（语义的特点和语法的特点）、小类和附类。至于语缀，应该另设专章，按范畴分别讲它们的形式、意义和用法，并且尽可能地介绍其用法的复杂性，把问题说得透一些”①。道布研究员的建议非常好，他通过现象看到了本质，打破了现代蒙古语语法的束缚，注意到“格”附加成分在句法平面上的作用。现代蒙古语语法中的“格”附加成分是与名词紧紧联系在一起的概念。总之，学者们只注意到“格”在词汇平面上的作用，而忽略了其在句法平面上的作用。

道布研究员的观点也印证了生成语法有功能语类的提法。生成语法框架内的蒙古语有功能语类，即格附加成分 K、静词化成分 SUBS 和表时态的 T。功能语类和其他单词语类一样，也可以组成自己的短语。如：“marγasi-yin”和“öge=kü-eče”是格短语（KP）。

总之，“副词化成分”也因为书写规则的要求，经常与某个动词连写。所以，人们常常把它看成是“词”的形态变化，当我们做句法分析时发现，除了构成复合动词的情况外，其他时候“副词化”成分都是附加在整个动词短语上，只不过动词短语本身有时简单，有时复杂。

二、现代蒙古语副词化短语

本书通过分析传统语法中蒙古语“副动词”现象，在生成语法理论框架下提出了全新的“现代蒙古语副词化短语”概念。在生成语法中，分析副词化短语等结构时，经常使用树状图来表示它的形成过程和层次关系。现将生成语法树状图简要描述如下：

---

① 道布．蒙古语语缀杂谈．首届蒙古语言文化学术研讨会“论文提要”．北京．2006.

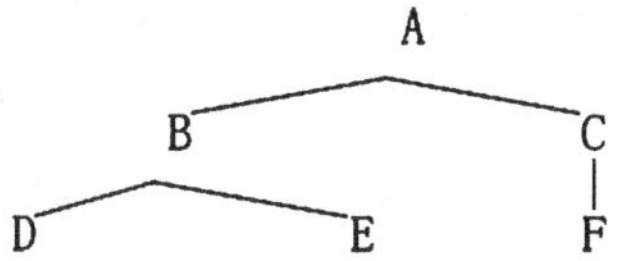

树状图中，A是整个树状图的母亲节点，居于最上，下面的B、C是A的女儿节点，同时也下属于节点A。D、E、F也从属于A，但它们不直接从属于A。同样节点B为D、E的母亲节点，D、E是B的女儿节点。节点C是F的母亲节点，F是C的女儿节点。母亲节点和女儿节点之间永远是居上和居下的关系。但是，这里我们要注意，D、E虽然比C低一级，但它们不从属于C，同样F也不从属于B。如节点B和C，D和E、F等平级节点叫做姊妹节点。因此，通过树状图各节点之间的类似关系，生成语法规则明确规定："一般一个成分不能同时属于两个语类，除非其中一个语类包含另一语类。"① 也就是说不能出现下列树状图：

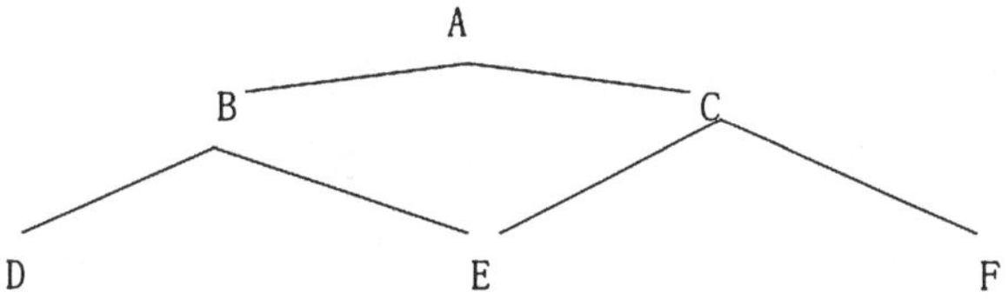

图中节点E从属于B节点的同时又从属于C节点，这种"身兼二职"的现象显然不符合语言现实。现代蒙古语语法中的副动词被描写为既有动词性质又有副词性质，但是，动词和副词任意一个都不能包含或被包含在另一个词类当中。所以，以上章节讨论的例句当中出现的"副动词"现象就如图中节点E，存在既属于节点B又属于节点C的情况。在这里只是打个比方，例句的树状图不一定和上面的树状图完全一样。

总之，"副动词"这一概念是以往语言学家受俄语等屈折型语言语法影响，未考虑蒙古语作为粘着型阿尔泰语言的特殊性和蒙古语功能语类副词化成分的句法功能以及句法层次的不同而形成的错误词法定论。所以，基于蒙古语本身的粘着语特点和生成语法理论，应该对现代蒙古语语法的副动词重新进行科学、合理

① 力提甫·托乎提．从短语结构到最简方案——阿尔泰语言的句法结构［M］．北京：中央民族大学出版社，2004.

的界定。在今后研究当中，我们运用生成语法理论框架可以成功地避免让节点 E 既从属于节点 B 又从属于节点 C 的“连体婴儿”式现象的出现。因为生成语法理论不但注重描写，更注重解释。试想一下，如果蒙古语里经常出现类似一个成分同时属于两个节点的情况，那么，操蒙古语者相互交流将成问题。还好实际情况并非如此，此类问题只出现在蒙古语语法解释上。

力提甫·托乎提教授首次提出，包括维吾尔语、蒙古语、满语等在内的阿尔泰语言的副动词、形动词、动名词问题应当打破词法和句法的界限来分析。构成副动词的副词化成分、构成形动词的形容词化成分、构成动名词的名词化成分可以统称为静词化成分。传统语法也称这些成分为动词的静词形式，但力提甫·托乎提教授开创性地提出，将这些静词形式视为整个动词短语的静词化形式，而不只是一个动词词干的静词化。① 静词化形式可以与其他语类一样，组成静词化语类，静词化语类能起句法核心作用，从而构成自己的短语，如副词化短语、形容词化短语和名词化短语等。②

力提甫·托乎提教授灵活运用生成语法理论，第一次揭示了静词化成分是短语最外围的成分，第一次在语类里增加了静词化语类等功能语类，第一次把树状图运用到阿尔泰语言的句法层次关系描写上。这些研究成果给予本书的蒙古语副词化短语研究很大的启发，使我有勇气在国内首次尝试运用生成语法理论对蒙古语副词化短语进行研究。力提甫·托乎提教授还打破词法和句法的界限，把构成副动词的附加成分看作是副词化成分，这一研究方法对把握蒙古语的粘着性特征和分析句法层次都有很大帮助。

在生成语法框架内对蒙古语副动词进行重新界定，需要采用实例来分析。如：

(24) ᠪᠠᠭᠰᠢ ᠢᠷᠡᠮᠡᠭᠴᠡ ᠬᠢᠴᠢᠶᠡᠯ ᠡᠬᠢᠯᠡᠪᠡ

baγsi ire = megče kičiyel ekile = be.

老师 来-ADVL 课 开始-PST

老师一来就上课了。

---

① 力提甫·托乎提．从短语结构到最简方案——阿尔泰语言的句法结构［M］．北京：中央民族大学出版社，2004：15.

② 力提甫·托乎提．从短语结构到最简方案——阿尔泰语言的句法结构［M］．北京：中央民族大学出版社，2004：41.

例句主要想表达的意思是“老师一来就马上开始上课了”，并不是“别的谁来了或者是其他什么物体一来就上课”，而且是在强调“老师”来了后上课。所以，副词化成分“-megče”不光是连接在动词“ire-”上面，而且是连接在整个动词短语“baγsi　ire-”上面。例句的形成过程可以描写为：

第一步 baγsi ire（动词短语，VP）；

第二步 baγsi ire=megče（副词化短语，即 ADVLP，因为该短语可以修饰后面的主句谓语）；

第三步 kičiyel ekile-（动词短语）；

第四步 baγsi ire=megče kičiyel ekile-（动词短语）；

第五步 baγsi ire=megče kičiyel ekile=be（时态短语，即 TP）。

这种分析与以往的分析不同在于，支配“baγsi”的并不是副动词“ire=megče”，而是动词“ire-”；修饰主句“kičiyel ekile=be”的也并不只是“ire=megče”，而是整个“baγsi ire=megče”这一副词化短语。也就是说，根本不存在所谓的“副动词”，而是存在“副词化成分”。“副词化成分”好比名词的“格”一样，在动词短语基础上构成了副词化短语，而这一副词化短语可以与另一个动词短语自由合并。

可用生成语法括号加标记法将例句中副词化短语的层次关系描写为：［$_{ADVLP}$［$_{VP}$［$_{N}$ baγsi］［$_{V}$ ire］］［$_{ADVL}$-megče］］。即名词“baγsi”和动词“ire”合并后构成一个 VP“baγsi　ire-”，VP 上附加了“-megče”副词化成分后，合并成“baγsi　ire=megče”副词化短语。

用生成语法树状图，可将例句中副词化短语和整个例句描写为：

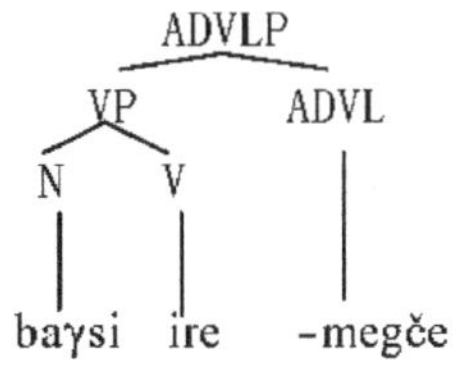

图 1

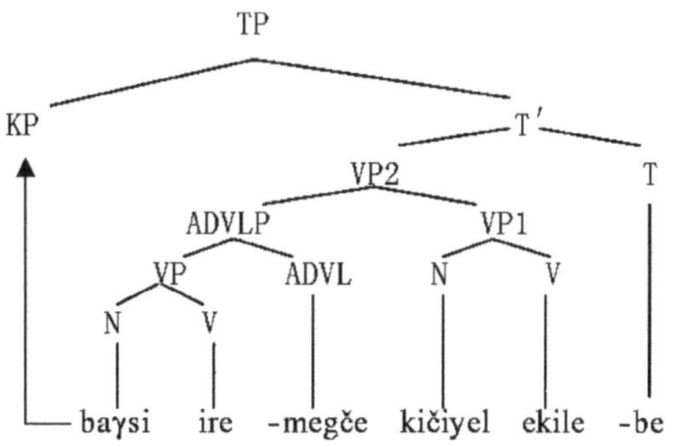

图 2

图 1 是副词化短语的树状图，图 2 是整个例句的树状图。我们用 TP 来表示例句，生成语法认为，短语和表示时态的成分合并后形成的是时态短语，即 TP。也就是最简方案下的语法不再有“句子”的概念，本书沿用了这一观点。

另外，这里还有一点需要说明的是，副词化短语对主句动词来说是可有可无的成分。如上述例句中，主要表达“开始上课了”，“老师来”只是一个条件，这个条件可以说明也可以不说明，所以副词化短语对主句来说是可有可无的成分。但是从另一方面来说，副词化短语又可以出现无限个，也就是“开始上课了”前面可以有无限个副词化短语来修饰，如 baγsi ire = megče sandali deger_e saγu = n nom-iyan γarγa = ju……kičiyel ekile = be.（老师来了坐在凳子上，把书拿出来…开始上课）。但是，副词化短语无论有多少个，它对主句来说都不是必有成分。

现代蒙古语语法过去试图在单词平面上解决动词的“副动词”形态变化问题，所以出现词法和句法相脱离、副动词解释自相矛盾的情况。本书通过采用生成语法理论，打破词法与句法的界限，很好地解决了“副动词”解释自相矛盾的问题。在生成语法框架内，副词化成分缀加在动词短语上，改变了该短语的性质，使其拥有副词的性质，所以它在生成新的短语时起着核心作用。因此，整个短语应该命名为副词化短语。

第三章　现代蒙古语副词化成分的句法解析

本章将重点讨论现代蒙古语副词化成分的句法特征。正如第一章所提到的，蒙古语有名词化成分、形容词化成分和副词化成分等三种静词化成分。副词化成分是连接形式最多、只能与动词连接的一种较常见的静词化成分。

副词化成分是非结束式，它主要起到连接作用，后面可以连接表示体、态等形式的词缀。

蒙古语有“-ǰu/ǰü；-ču/-čü；-γad/-ged；-n；-maγča/-megče（-naran/-neren）；-qular/-küler（-qul_a-ban/-kül_e-ben）；-manǰin/-menǰin（-man/-men）；-baču/-bečü（-yaču/-yečü）；-tal_a/-tel_e；-qar/-ker（-quy_a/-küy_e）；-ngγ_a-ban/-ngg_e-ben（-ngγuta/-nggüte）；-γsaγar/-gseger”等词缀只能粘附在动词后面，表示其他语言中的“并且”“之后”“刚…就”“由于…而…”“只有…才”“假如…就”“即使…也要”“一直…到”“为…而”“…时顺便…”“一直…着”“一…就”等连词能表示的意义，暂时称其为动词连接形式。

这些动词连接形式在现代蒙古语语法中，根据其连法的特点可划分为三大类：1. 单纯连接副动词；2. 制约连接副动词；3. 混合连接副动词等。单纯连接副动词又可细分为：①并列副动词：-ǰu/ǰü、-ču/-čü；②分离副动词：-γad/-ged；③联合副动词：-n 等三种；制约连接副动词又可细分为：①立刻副动词：-maγča/-megče（-naran/-neren）；②跟随副动词：-qular/-küler（-qul_a-ban/-kül_e-ben）；③前提副动词：-manǰin/-menǰin（-man/-men）；④假定副动词：-bal/-bel（-basu/-besü）；⑤让步副动词：-baču/-bečü（-yaču/-yečü）；⑥迎接副动词：-tal_a/-tel_e；⑦目的副动词：-qar/-ker（-quy_a/-küy_e）；⑧趁机副动词：-ngγ_a-ban/-ngg_e-ben（-ngγuta/-nggüte）等八种；混合连接副动词只有延续副动词一种，它有-γsaγar/-gseger 两个连接形式。①

以上也是传统语法研究中，一般公认的所谓“副动词”连接形式。概括如下：

副动词
- 1. 单纯连接副动词
  - ①并列副动词：-ǰu/-ǰü、-ču/-čü
  - ②分离副动词：-γad/-ged
  - ③联合副动词：-n
- 2. 制约连接副动词
  - ①立刻副动词：-maγča/-megče（-naran/-neren）
  - ②跟随副动词：-qular/-küler（-qul_a-ban/-kül_e-ben）
  - ③前提副动词：-manǰin/-menǰin（-man/-men）
  - ④假定副动词：-bal/-bel（-basu/-besü）
  - ⑤让步副动词：-baču/-bečü（-yaču/-yečü）
  - ⑥迎接副动词：-tal_a/-tel_e
  - ⑦目的副动词：-qar/-ker（-quy_a/-küy_e）
  - ⑧趁机副动词：-ngγ_a-ban/-ngg_e-ben（-ngγuta/-nggüte）
- 3. 混合连接副动词
  - 延续副动词：-γsaγar/-gseger

现代蒙古语语法所谓的形成副动词的上述连接形式，除了具有连接作用，还常常连接在动词短语后面，使其副词化。因此，本书称其为“副词化成分”。

所谓“副词化成分”的句法特征是指副词化成分的分布特征，即副词化成分在句中出现的位置。在生成语法框架内，副词化成分永远出现在 ADVL 下面，也就是副词化成分是能在 ADVL 位置使用的语类。

下文将通过详细分析，来论证为什么现代蒙古语语法中所谓的“副动词”称为“副词化成分”更为合适，为什么它能形成“副词化短语”等问题。

第一节　单纯连接副词化成分

单纯连接副词化成分包括并列副词化成分、先行副词化成分和联合副词化成分三种，这类副词化成分主要表示两个或两个以上行为或状态同时进行或保持。

① 清格尔泰．蒙古语语法［M］．呼和浩特：内蒙古人民出版社，1992：268.

单纯连接副词化成分连接在动词短语后面，能使其副词化。如：kele=ǰü bayi=n_a（说着）；ab=u=γad yabu=n_a（拿走）；buča=n ire=be（返回了）等。换句话说，单纯连接副词化成分在句中只能出现在动词短语后面，与动词短语合并的单纯连接副词化成分可以构成单纯连接副词化短语，从而修饰其他的动词或动词短语。如：

（1） a. 

kele=**ǰü**　　bayi=n_a.（说着）

说-ADVL　　在-PRES

b. 

ab=u=**γad**　　yabu=n_a.（拿走）

拿-ADVL　　走-PRES

c. 

buča=**n**　　ire=be.（返回了）

返-ADVL　　回-PRES

树状图表示如下：

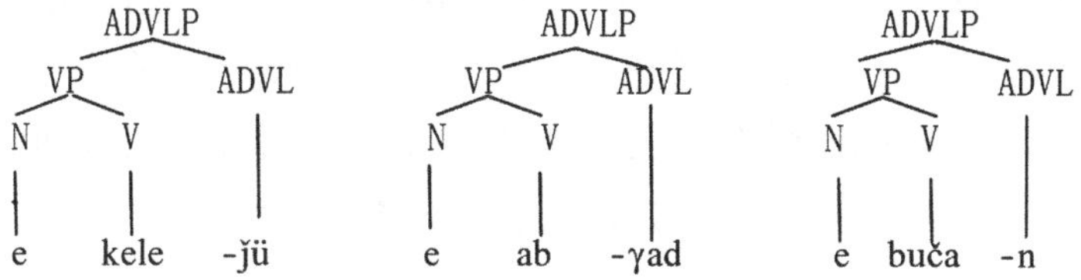

一、并列副词化成分

由并列副词化成分构成的副词化短语表示某行为和状态与其他行为和状态同时进行或保持。并列副词化成分有“-ǰu/-ǰü”“-ču/-čü”，其中“-ǰu/-ǰü”用于元音和软辅音结尾的词后面，“-ču/-čü”用于硬辅音结尾的词后面。下面通过两组句子分析“-ǰu/-ǰü”“-ču/-čü”的句法作用。如：

（2） A. a. ᠰᠠᠯᠬᠢᠨ　ᠭᠠᠷᠪᠠ

salkin　γar=ba. ①/起风了。

风　起-PST

b. ᠴᠠᠰᠤ　ᠰᠢᠭᠤᠷᠪᠠ

času　siγur=ba. /刮雪了。

雪　刮-PST

B. a. ᠪᠠᠲᠤ　ᠵᠣᠷᠢᠭ　ᠣᠷᠤᠪᠠ

batu　ǰoriγ　oru=ba. /巴图有勇气了。

巴图　勇气　有-PST

b. ᠪᠠᠲᠤ　ᠬᠦᠴᠦ　ᠨᠡᠮᠡᠭᠳᠡᠪᠡ

batu　küčü　nemegde=be. /巴图有力量了。

巴图　力量　添加-PST

上述 A、B 两组例子都包含两个句子，但是 A 组的两个句子各有不同的主语，B 组的两个句子有相同的主语。如果要合并 A 组的两个句子，不应该是 a 和 b 的简单相加，而是要用并列副词化成分连接两个句子。首先把 a 句谓语“γar=ba”表示时态的成分“ba_1”（为了分辨，a 句的 ba 用 ba_1 表示；b 句的 ba 用 ba_2 表示）去掉，然后，在动词“γar”上连接并列副词化成分“-ču”，形成“γar=ču”结构。传统蒙古语所谓的副动词，这里暂且称其为某某结构。至于 b 句的谓语时态成分 ba_2（表示过去时）要保留，这样整个句子将成为：

（3） salkin　γar=ču，času　siγur=ba.

例句（3）中包含副词化成分的结构的句法层次关系，用生成语法括弧式②描写法描写如下：

1. ［$_{N}$ salkin］

2. ［$_{VP}$ ［$_{N}$ salkin］［$_{V'}$ ［$_{V}$ γar］］

3. ［$_{ADVLP}$ ［$_{VP}$ ［$_{N}$ salkin］［$_{V'}$ ［$_{V}$ γar］］］［$_{ADVL}$-ču］

（ADVLP 表示副词化短语；VP 表示动词短语；N 表示名词；V′表示 VP 与 V 之间的中间语类；ADVL 表示副词化成分）

① 本书在动词词干和词缀中间用等号（=）隔开，以便研究。

② 括弧式（Square brackets）：即把每个词放在括弧中，并做语类标记。

可用树状图表示如下：

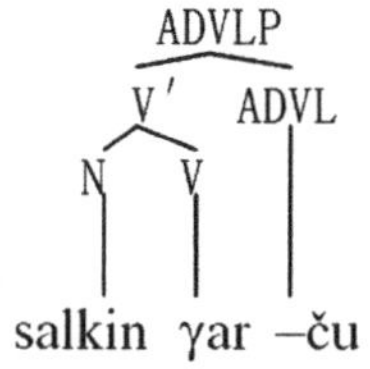

经过以上三步，动词短语［salkin γar］与副词化成分［ADVL-ču］合并形成了副词化短语［ADVLP［VP salkin γar］［ADVL-ču］。动词短语［salkin γar］在蒙古语中表示“起风”的意思，连接副词化成分［-ču］后，增添了副词化的语法意义，这种语法意义不仅是添加在动词［γar］上，而且贯穿于整个动词短语［salkin γar］中。也就是副词化成分［-ču］同时在支配［salkin］［γar］两个语类，是这个短语的核心语类。

根据 X-bar 理论，一个短语应该以它的核心语类命名，该短语的核心语类是并列副词化成分［ADVL-ču］，因此，将其称为并列副词化短语。

动词短语“salkin　γar-”与并列副词化成分“-ču”合并后，形成了副词化短语“salkin　γar=ču”。理论上“času　siγur=ba/下雪了”的并列条件“salkin γar=ču/正起风；toγoso degden/刮沙……”可以有，也可以没有，也可以有无数个，所以“salkin　γar=ču/正起风”从属于主句“času　siγur=ba/下雪了”。

那么，我们来看 B 组的两个例句。同样，B 组的两个例句的合并也不是 a 和 b 的简单相加。B 组的 a 和 b 两句有相同的主语，所以我们只保留一个就可以。然后把 a 句的谓语“oru=ba”表示时态的成分“ba”去掉后，在“oru”上附加并列副词化成分“-ǰu”，这样将得到句子（4）。

（4）batu　ǰoriγ　oru=ǰu　küčü　nemegde=be.
　　巴图　勇气　有-ADVL　力量　增加-PST
　　巴图拥有了勇气和力量。

该句用生成语法括弧式描写为：［ADVLP［VP［KP batu-Ø］［V′e［NP ǰoriγ］［V oru］］］［ADVL-ǰu］］。

例（3）（4）中的并列副词化短语树状图为：

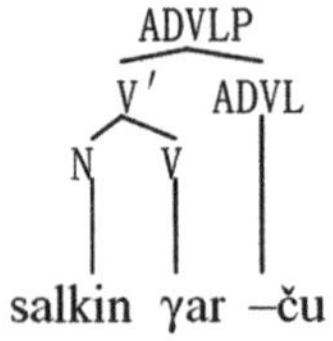

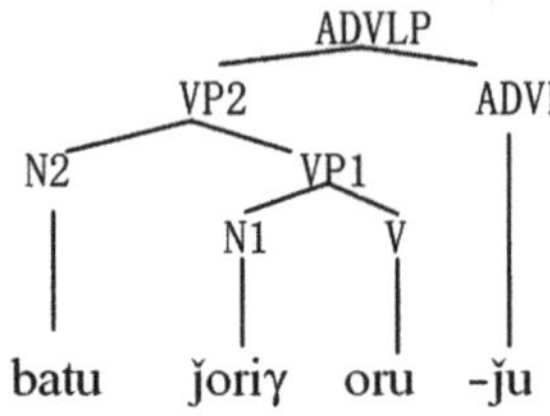

例（3）（4）的树状图为：

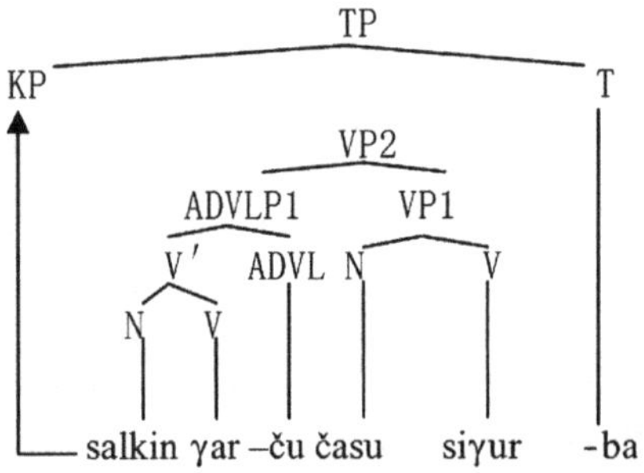

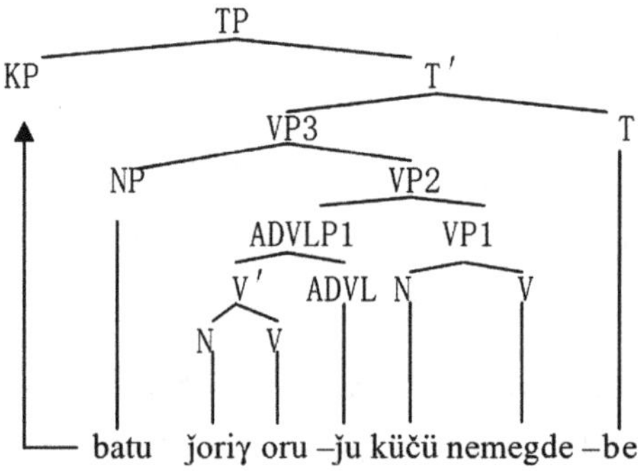

从以上例子可以看出，首先，用并列副词化成分可以把两个或两个以上独立的句子以并列或先后关系连接在一起，把原来松散的意义变得更加紧密；其次，并列副词化短语可以有自己的主语，如例（3）；也可以和主句共享一个主语，如例（4）；再次，副词化成分在句中经常出现在整个动词短语 VP 后面，使其副词化，从而构成副词化短语 ADVLP。

为了进一步验证我们的结论，本书将采用蒙古语现代文学作品《delger qangγai》中的实例作如下分析和考证。如：

（5）a.

γobi sili-yi　köndelen　oγtul=u=γsan　kerem-ün　ǰam-i　daγa=**ǰu**,
隔壁 山丘-ACC　横　跨-ADJL　墙-GEN　路-ACC 沿-ADVL

boru　toqum_tai　köke　küreng　üriy_e　sendeile=gsen　büdügün
棕色　鞍屉-COMIT 蓝色　灰色　公马　拱-ADJL　大

ᠬᠠᠷᠠ　ᠡᠷᠡ　ᠪᠠᠷᠠᠭᠤᠨᠰᠢᠯᠠᠨ　ᠠᠯᠭᠤᠷ　ᠠᠯᠬᠤᠭᠤᠯᠤᠨ᠎ᠠ

qar_a　er_e　baraγunsila=n　alγur　alquγul=u=n_a. ①

黑　汉子　向西-ADVL　慢慢　走-PRES

沿着横跨戈壁沙滩的路，高大黑汉子骑着套有棕色鞍屉的蓝灰色骏马，缓缓地向西走。

我们分析例句中包含副词化成分的“γobi sili-yi köndelen oγtul=u=γsan kerem-ün ǰam-i daγa=ǰu……alquγul=u=n_a.”部分。

γobi　sili-yi　köndelen　oγtul=u=γsan　kerem-ün　ǰam-i

戈壁　沙滩-ACC　横　跨-ADJL　墙-GEN　路-ACC

daγa=ǰu……　alquγul=u=n_a.

沿着-ADVL　走-PRES

我们可以将 a 切分为：

1. [γobi　sili-yi　köndelen　oγtul=u=γsan　kerem-ün　ǰam-i　daγa=ǰu]

2. [……..alquγul=u=n_a]

2 为主句，1 为附属于 2 的部分，1 与主句共享一个主语“er_e/男子”。1 包含“er_e　daγa=ǰu/男子沿着”这一主述关系结构，2 包含“er_e　alquγul=u=n_a/男子在走”这一主谓关系结构，现代蒙古语语法称这种现象为复合句。但在生成语法框架内，我们认为这种组合仍然是一个单句或一个 TP 单位，只不过它包含的内容稍复杂，我们下面会进一步分析。

首先，简单回顾一下现代蒙古语语法的句法单位。特图克教授在《蒙古语句子结构系统》一文中认为：“在蒙古语句法学领域应设立哪些单位呢？语法学家们的看法并不一致。第一种观点认为：蒙古语句法平面上设有词组和句子两种单位。这是蒙古语语法教材中的普遍看法。第二种观点认为：蒙古语句法学领域的基本单位有词组、简单句、复合句。”②“第三种观点认为：句法有自上而下、自下而上层级体系的四种单位，即词组、简单句、复合句、混合句。”③

① 布仁特古斯．旷荡的原野［M］．呼和浩特：内蒙古人民出版社，2001：3.

② ［蒙古］普日布敖其尔．现代蒙古语句法组合系统［M］．乌兰巴托，1988：18；转引自特图克．蒙古语句子结构系统［J］．民族语文，1999（5）：31.

③ ［蒙古］巴来希里．现代蒙古语句法学［M］．乌兰巴托，1989：5. 转引自特图克．蒙古语句子结构系统［J］．民族语文，1999（5）：31.

我们认为以上不同观点的焦点在于，如何正确解释简单句和复合句的关系问题。把两者看作是句子的不同类别，还是把复合句看作大于（或高于）简单句的另一个句法单位？长期以来，在现代蒙古语语法学中，并没有厘清句法单位、结构、类别之间的关系问题。一方面，把句子作为最高级（最大的）句法单位，认为句子是由词和词组构成，并从结构上把它划分为简单句和复合句。很显然，这就把单句和复合句看作句子中的两种不同类别。可是另一方面，又认为复合句由两个或两个以上的简单句组合而成。这实际上又把复合句看作高于（或大于）简单句的另一种句法单位。这种理论上的前后矛盾，正是在设立句法单位问题上产生各种不同观点的根源之一。①

本书虽然不讨论蒙古语句法单位问题，但认为现代蒙古语语法把含有副词化成分的句子当成复合句是因为混淆了词法问题与句法问题所致。如分析类似例句（5）a 时把副词化成分“-ǰu”只与动词“daγa”联系起来，把它看作是动词的形态变化，是动词的词法问题，这样就忽略了它的句法功能；其实副词化成分“-ǰu”不仅仅关系到其前面的动词问题，例句 a 中 1 部分通过连接副词化成分“-ǰu”而形成副词化短语，再修饰后面 2 部分，这是句法问题。因此，该句中含有副词化成分的部分并不是复合句中的简单句，而是副词化短语。从而含有副词化短语的句子例 a 也并不是复合句，而是一个含有副词化短语的句子，或更准确地讲，这是一个带有副词化短语的时态短语，即 TP。

例（5）a 中的副词化短语的构成，用生成语法的括弧式可以表示如下：

初步有这些语类成分 [$_{\text{N}}$ γobi]、[$_{\text{N}}$ sili]、[$_{\text{K}}$ yi]、[$_{\text{ADV}}$ köndelen]、[$_{\text{V}}$ oγtul]、[$_{\text{ALZ}}$γsan]、[$_{\text{N}}$ kerem]、[$_{\text{K}}$ün]、[$_{\text{N}}$ ǰam]、[$_{\text{K}}$i]、[$_{\text{V}}$daγa]、[$_{\text{ADVL}}$ ǰu]。

第一步 [$_{\text{NP}}$ γobi sili]；

第二步 [$_{\text{KP1}}$② [$_{\text{NP}}$ γobi sili] [$_{\text{K}}$ yi]] = [$_{\text{KP1}}$ γobi sili-yi]；

第三步 [$_{\text{VP}}$ köndelen oγtul]；

第四步 [$_{\text{ADJLP}}$ [$_{\text{VP}}$ köndelen oγtul] [$_{\text{ALZ}}$γsan]] = [$_{\text{ADJLP}}$ köndelen oγtul=u=γsan]；

第五步 [$_{\text{KP2}}$ kerem-ün]；

第六步 [$_{\text{KP3}}$ ǰam-i]；

① 特图克．蒙古语句子结构系统［J］．民族语文，1999（5）：31.

② 为了便于区分，同类短语上标了编号。

第七步 [$_{\mathrm{KP4}}$ [$_{\mathrm{KP2}}$ kerem-ün] [$_{\mathrm{KP3}}$ ǰam-i]] = [$_{\mathrm{KP4}}$ kerem-ün ǰam-i]；

第八步 [$_{\mathrm{VP}}$ [$_{\mathrm{KP1}}$ γobi sili-yi] [$_{\mathrm{VP}}$ köndelen oγtul]]；

第九步 [$_{\mathrm{ADJLP}}$ [$_{\mathrm{VP}}$ γobi sili-yi köndelen oγtul] [$_{\mathrm{ALZ}}$γsan]]；

第十步 [$_{\mathrm{KP5}}$ [$_{\mathrm{ADJLP}}$ γobi sili-yi köndelen oγtul=u=γsan] [$_{\mathrm{KP4}}$ kerem-ün ǰam-i]]；

第十一步 [$_{\mathrm{VP}}$ [$_{\mathrm{KP5}}$ γobi sili-yi köndelen oγtul=u=γsan kerem-ün ǰam-i] [$_{\mathrm{V}}$ daγa]]；

第十二步 [$_{\mathrm{ADVLP}}$ [$_{\mathrm{VP}}$ γobi sili-yi köndelen oγtul=u=γsan kerem-ün ǰam-i daγa] [$_{\mathrm{ADVL}}$-ǰu]]。

通过以上十几个步骤可以清晰地展现该副词化短语的构成过程，这里我们只是为了详细交代其构成过程，分了十二个步骤来体现。乍一看，好像运用生成语法分析后把问题变得更复杂了。其实不然，在研究中我们可以运用树形图，把不需要详细分析的部分放在三角形下边，以突出需要进一步研究的部分。如：

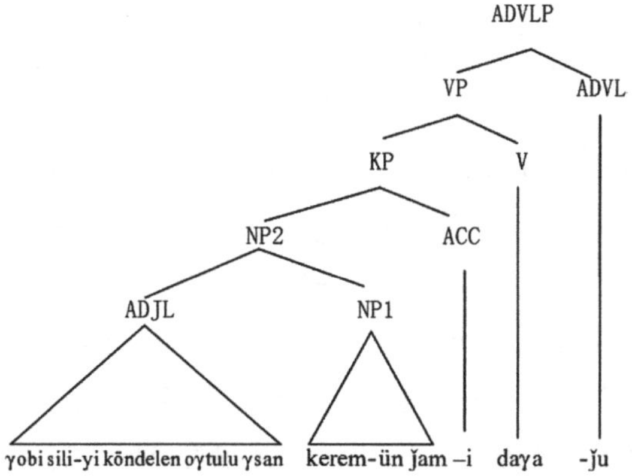

通过树形图的描写，我们可以清楚地看到，一个副词化短语 ADVLP 由一个动词短语 VP 和一个副词化成分 ADVL 构成。动词短语内部可有各种变化，但是它与副词化成分结合后只能构成副词化短语，而不是现代蒙古语语法中所讲的，是复合句内部的简单句。副词化成分是连接在整个动词短语上，而不只是连接在单个动词“daγa-”上，不是动词形态变化问题，也就不是词法问题而是句法问题，副词化短语是句子当中的一个短语。再如：

b. 

damrin taqar-i daγa=ǰu γal toγuγan ger-tü oru=ǰu
达木林 塔哈尔-ACC 跟-ADVL 火 锅 房-ALL 进-ADVL

umda-ban daru=l_a.[①]
渴-RPOS 解-界限时
达木林跟着塔哈尔走进厨房解渴了。

例句中的副词化短语［damrin taqar-i daγa=ǰu］［e γal toγuγan ger-tü oru=ǰu］的树形图描写如下：

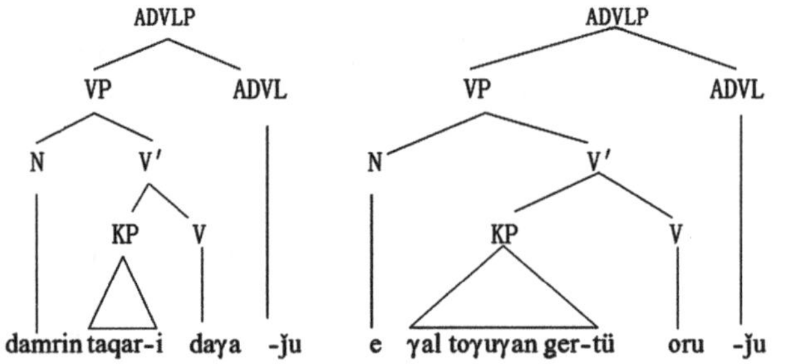

"达木林为了解渴先跟着塔哈尔，然后进了厨房。" 即，该句前面有两个副词化短语，都在修饰 "umda-ban daru=l_a/解渴了" 这一动作。修饰主句的副词化成分在理论上可以有无限个，如 "达木林跟着塔哈尔进了厨房，拿了碗，拿了勺，点起了火，做了奶茶…解了渴" 。无论怎样多，其主句是 "damrin umda-ban daru=l_a（达木林解渴了）"，"达木林跟着塔哈尔进了厨房，拿了碗，拿了勺，点起了火，做了奶茶……" 等都是在 "解渴" 之前做的事情，因为它们共享一个主语 "达木林"，所以后面的主语位置可以空着，用 e 表示。为了把它们在顺序上以某种先后关系串联起来，蒙古语使用者一般把它们副词化，因而出现了［damrin taqar-i daγa=ǰu］［γal toγuγan ger-tü oru=ǰu］等并列副词化短语。它们对 "e umda-ban daru=l_a（解渴了）" 这个主句来讲，是无关紧要的成分，只是一种附加的说明，不管它们出现不出现，句子照样可以成立。至于［damrin taqar-i daγa=ǰu］［γal toγuγan ger-tü oru=ǰu］等副词化短

① 布仁特古斯．旷荡的原野［M］．呼和浩特：内蒙古人民出版社，2001：33.

语内部关系，应该是前者修饰后者，但是前者并不是后者的必有成分。

整个例句的树形图表示如下：

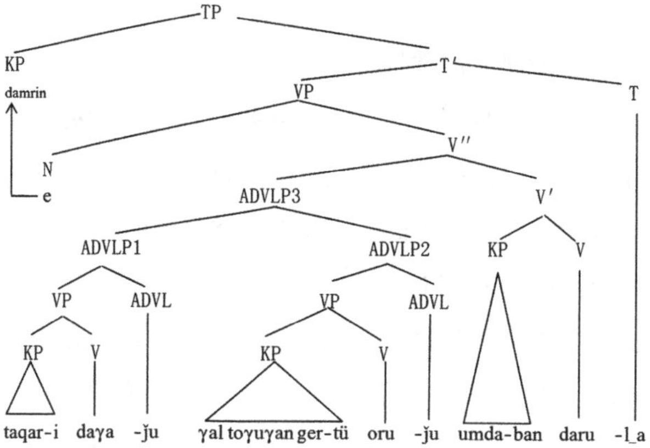

二、分离副词化成分

分离副词化成分也属于单纯连接副词化成分，它主要连接两个独立的动作或状态。包含分离副词化成分的副词化短语表示先实现前面的动作或状态后，再实现后面的动作或状态。现代蒙古语分离副词化成分有“-γad、-ged”两种形式，其中，“-γad”用于以紧性元音结尾的音节后，“-ged”用于松性元音结尾的音节后面，与有些动词连写时，中间需要连接元音。

分离副词化成分与并列副词化成分的主要区别在于，分离副词化成分能表示前面的动作或状态先实现，虽然并列副词化成分有时也表示先后关系，但是分离副词化成分的表现更为明显。分离副词化成分还可以表示前面动作或状态是后面动作或状态的起因等意义。如：

(6)	ᠴᠣᠭᠮᠠᠨᠳᠤᠯ ᠠ	ᠶᠠᠩᠭᠠᠮ ᠠ	ᠬᠣᠶᠠᠷ	ᠪᠡᠶ᠎ᠡ ᠪᠡᠶ᠎ᠡ	ᠵᠦᠭ ᠢᠶᠡᠨ	ᠬᠠᠷᠠᠭᠠᠳ
	čoγmandul_a	γangγam_a	qoyar	bey_e bey_e	ǰüg-iyen	qara=γad
	朝克满都拉	冈嘎玛	俩	相互	方向-RPOS	看-ADVL

iniyelče=be.[1]

笑了-PST

朝克满都拉、冈嘎玛俩相互看了之后笑了。

b.

qubčasu-ban emüs=ü=ged ger-eče-ben γar=čai.[2]

衣服-RPOS 穿-ADVL 屋子-ABL-RPOS 出-PST

穿了衣服之后出了门。

例（6）的 a 和 b 中分别有“čoγmandul_a γangγam_a qoyar bey_e bey_e ǰüg-iyen qara=γad”和“qubčasu-ban emüs=ü=ged”两个包含分离副词化成分的短语。短语“čoγmandul_a γangγam_a qoyar bey_e bey_e ǰüg-iyen qara=γad”的构成过程如下：

首先，有名词短语［$_{NP}$ čoγmandul_a γangγam_a qoyar］、动词短语［$_{V'}$ bey_e bey_e ǰüg-iyen qara］[3] 和分离副词化成分［$_{ADVL}$-γad］三个部分。

其次，［$_{NP}$ čoγmandul_a γangγam_a qoyar］与［$_{V'}$bey_e bey_e ǰüg-iyen qara］合并构成另一个动词短语［$_{V''}$ čoγmandul_a γangγam_a qoyar bey_e bey_e ǰüg-iyen qara］，此时的动词“qara”支配两个论元，即“čoγmandul_a γangγam_a qoyar”和“bey_e bey_e ǰüg-iyen qara”，因此可以用 V″表示，即 V 带两个标杆。

最后，动词短语［$_{V''}$ čoγmandul_a γangγam_a qoyar bey_e bey_e ǰüg-iyen qara］与分离副词化成分［$_{ADVL}$-γad］合并构成了副词化短语［$_{ADVLP}$ čoγmandul_a γangγam_a qoyar bey_e bey_e ǰüg-iyen qara=γad］。具体合并步骤描写如下：

第一步，［$_{NP}$ čoγmandul_a γangγam_a qoyar］；

第二步，［$_{KP}$ ǰüg-iyen］；

第三步，［$_{VP}$ ǰüg-iyen qara］；

第四步，［$_{V'}$ bey_e bey_e ǰüg-iyen qara］；

① 哈斯额尔敦等．现代蒙古语（修订本）（蒙文）［M］．呼和浩特：内蒙古教育出版社，1996：454.

② 清格尔泰．蒙古语语法［M］．呼和浩特：内蒙古人民出版社，1992：271.

③ 这时动词“qara”只支配一个论元“bey_e bey_e ǰüg-iyen”，因此，可以用 V′表示，即 V 带一个标杆。

第五步，[V' čoγmandul_a γangγam_a qoyar bey_e bey_e ǰüg-iyen qara]；

第六步，[ADVLP čoγmandul_a γangγam_a qoyar bey_e bey_e ǰüg-iyen qara=γad]。

附加语可以出现在短语内部，但并非短语的必有成分。总之，在上述例句中，分离副词化成分“-γad”只出现在动词短语 VP 后面。

短语“qubčasu-ban emüs=ü=ged”由[KP qubčasu-ban]、[V emüs]、[ADVL-ged]几个部分构成。这些部分的合并顺序如下：

第一步，[KP qubčasu-ban]；

第二步，[VP [KP qubčasu-ban] [V emüs-]]；

第三步，[ADVLP [VP [KP qubčasu-ban] [V emüs-]] [ADVL-ged]]。

该句中动词“emüs-”只有一个受事论元“qubčasu-ban”，动词“emüs-”与受事论元合并后形成了动词短语[VP qubčasu-ban emüs-]，然后动词短语与分离副词化成分“-ged”合并后构成了分离副词化短语。用树状图描写如下：

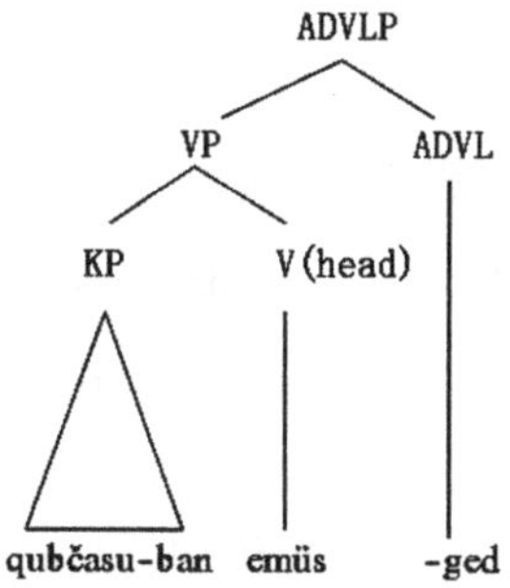

在《旷荡的原野》中含有分离副词化成分的实例还有：

(7) a. ᠡᠨᠡ ᠦᠭᠡ ᠶᠢ ᠳᠤᠭᠤᠯᠤᠭᠠᠳ ᠬᠣᠶᠠᠷ ᠬᠣᠨᠤᠵᠤ ᠪᠠᠶᠢᠨ᠎ᠠ

ene üge-yi duγul=u=γad qoyar qonu=ǰu bayi=n_a.①

这 话-ACC 听-ADVL 两 天-ADVL 在-PRES

听了这句话已经两天了。

分离副词化成分“-γad”与动词短语“ene üge-yi duγul/听说这句话”合并，构成了分离副词化短语“ene üge-yi duγul=u=γad”，语义上增加了副词化的语法意义。显然，这种语法意义是分离副词化成分“-γad”添加给动词短语

① 布仁特古斯．旷荡的原野［M］．呼和浩特：内蒙古人民出版社，2001：6.

“ene üge-yi duγul” 上。

b. 

tegün-eče asaγu=γarai ge=ǰü kele=ged temege-ben

3rd-ACC 问吧 2nd 这样-ADVL 说-ADVL 骆驼-RPOS

ǰala=ǰu alus-i ǰori=ba. ①

指引-ADVL 远-ACC 走-PST

说了句“问他吧”之后，指引骆驼走向远方。

分离副词化成分“-ged”与动词短语“tegün-eče asaγu=γarai ge=ǰü kele”合并，构成了分离副词化短语“tegün-eče asaγu=γarai ge=ǰü kele=ged”，连接副词化成分的动词短语增加了副词化的语法意义，也就是先实现“asaγu=γarai”这一动作后，再实现“alus-i ǰori=ba”行为，添加分离副词化成分的分离副词化短语句法层次关系更加明显了。

c. 

salkin čoki=γad urqada=ǰu küčüre=gsen ügei. ②

风 打-ADVL 套—ADVL 吃力-ADJL NEG

狂风肆虐，没能套上（马）。

分离副词化成分“-γad”与动词短语“salkin čoki”合并，构成了分离副词化短语“salkin čoki=γad”。由于“salkin čoki=γad”这一状态，所以“uraqada=ǰü kü čürke=gsen ügei”。分离副词化短语句法结构为（N+V）+ADVL→ADVLP，而不是N+（V+ADVL）→ADVLP。

三、联合副词化成分

联合副词化成分只有“-n”一种形式，附加部分动词时，中间需要连接元音。包含联合副词化成分的副词化短语主要表示一个动作与另一个动作同时进

---

① 布仁特古斯．旷荡的原野［M］．呼和浩特：内蒙古人民出版社，2001：9.

② 布仁特古斯．旷荡的原野［M］．呼和浩特：内蒙古人民出版社，2001：119.

行，或者表示立刻的意义。联合副词化成分主要用于书面语，口语中很少使用。如：

（8）a. ᠬᠠᠪᠢᠷᠭᠠᠨ　ᠰᠠᠷᠠ　ᠳᠤᠯᠠᠶᠢᠨ　ᠳᠡᠭᠳᠡᠪᠡ

qabirγan　sara　dulayi=n　degde=be.①

弯弯　月亮　闪亮-ADVL　升-PST

弯弯的月亮闪亮地升起了。

例句中，联合副词化短语的组成步骤如下：

第一步，[NP qabirγan sara/弯弯的月亮]；

第二步，[VP [KP qabirγan sara] [V dulayi-/亮]]；

第三步，[ADVLP [VP qabirγan sara dulayi-/弯弯的月亮亮亮地] [ADVL-n]]。

该例句中，联合副词化短语后面出现的是动词 [V degde=be/升起了]，所以我们可以把例 a 公式化为：TP =VP+ADVL+V

=ADVLP+V

b. ᠲᠡᠷᠡ　ᠪᠦᠭᠦᠳᠡ ᠶᠢ　ᠪᠠᠳᠮᠠᠰᠤᠸᠠ　ᠶᠣᠰᠣᠴᠢᠯᠠᠨ　ᠭᠦᠢᠴᠡᠳᠬᠡᠪᠡ

tere　bügüde-yi　badmasw_a　yosučila=n　güičedke=b_e.②

3rd　全部-ACC　巴德玛斯娃　按礼-ADVL　完成-PRES

巴德玛斯娃把一切按规矩完成了。

例句中，联合副词化短语的组成步骤如下：

第一步，[NP tere bügüde/所有的]；

第二步，[KP tere bügüde-yi/把所有的]；

第三步，[VP [KP badmasw_a Ø] [V yosučila/按规矩]]；

第四步，[VP tere bügüde-yi badmasw_a yosučila/巴德玛斯娃把所有的一切按规矩]；

第五步，[ADVLP [VP tere bügüde-yi badmasw_a yosučila] [ADVL-n]]。

例 b 中，"tere bügüde-yi" 与 "badmasw_a" 都是动词 "yosučila" 的必有论元，它们在构成联合副词化短语 [tere bügüde-yi badmasw_a yosučila=n] 后，再

---

① 布仁特古斯．旷荡的原野 [M]．呼和浩特：内蒙古人民出版社，2001：120.

② 布仁特古斯．旷荡的原野 [M]．呼和浩特：内蒙古人民出版社，2001：114.

与动词“güičedke=n_e/完成了”合并构成了完整的 TP。联合副词化短语［ADVLP tere bügüde-yi badmasw_a yosučila-n /巴德玛斯娃把所有的一切按规矩］在修饰主句“güičedke=n_e/完成了”。

c. 

badmasw_a čai ayaγala=n kičiyenggüyile=n bari=ba.[①]

巴德玛斯娃 茶 盛-ADVL 恭敬-ADVL 拿-PST

巴德玛斯娃盛茶敬上。

例句 c 中，联合副词化结构的组成步骤如下：

第一步，［VP1 čai ayaγala-/盛茶］；

第二步，［VP2 ［KP badmasw_a］［VP1 čai ayaγala-］］；

第三步，［ADVLP1 ［VP2 badmasw_a čai ayaγala-］［ADVL1 -n］］；

第四步，［VP3 ［ADVLP1 badmasw_a čai ayaγala=n］［V kičiyenggüyile/谨慎地］］；

第五步，［ADVLP2 ［VP3 badmasw_a čai ayaγala=n kičiyenggüyile］［ADVL -n］］。

例 c 中，有两个联合副词化短语第三步形成的 ADVLP1 和第五步形成的 ADVLP2。也就是一个副词化短语还可以连接另一个副词化成分构成新的副词化短语。普遍语法规则描写如下：

VP_2+$ADVL_1$（-n）= $ADVLP_1$（联合副词化短语 1）

$ADVLP_1$+V=VP_3

VP_3+$ADVL_2$（-n）= $ADVLP_2$（联合副词化短语 2）

例句中，最后形成的 $ADVLP_2$ 与动词“bari=ba”合并构成了完整的时态短语 TP。

d. 

damrin tere eke ökin qoyar-i ger-tegen abači=n sar_a siqaγu saγulγa=ba.[②]

达木林 那个母 女 俩-ACC 家-LOC 带-ADVL 月 差不多 住-PST

达木林将母女接回家，让她们住了个把月。

例句中，联合副词化结构的组成步骤如下：

---

① 布仁特古斯．旷荡的原野［M］．呼和浩特：内蒙古人民出版社，2001：110.

② 布仁特古斯．旷荡的原野［M］．呼和浩特：内蒙古人民出版社，2001：106.

第一步，[NP1 eke ökin/母女]；

第二步，[NP2 eke ökin qoyar/母女俩]；

第三步，[NP3 tere eke ökin qoyar/那个母女俩]；

第四步，[KP1 tere eke ökin qoyar-i/把那母女俩]；

第五步，[VP1 [KP2 ger-tegen/往家] [V abači-/带]]；

第六步，[ADVLP [VP2 damrin tere eke ökin qoyar-i ger-tegen abači-/达木林把那母女俩带回家] [ADVL-n]]。

例 d 中联合副词化短语后面出现了副词“sar_a siqaγu”与动词“saγulγa=ba”。句中出现副词的情况是不是与 b、c 两例句中联合副词化短语的合并有所不同？其实不然，副词“sar_a siqaγu”是动词“saγulγa=ba”的可有可无论元，也就是没有它也不会影响整体意义的表达，所以公式 ADVLP+V=TP 还是行得通，只需稍做修改，即：ADVLP+（附加语、adj）+V=TP。

有时还会出现其他单纯连接副词化成分，即并列副词化成分与联合副词化成分并用的情况。如：

(9)	ᠳᠠᠮᠷᠢᠨ	ᠬᠣᠰᠢᠭᠤ	ᠳᠠᠮᠵᠢᠨ	ᠠᠳᠤᠭᠤ	ᠬᠤᠯᠠᠭᠠᠶᠢᠯᠠᠨ	ᠲᠠᠭᠤᠵᠤ
	damrin	qosiγu	damǰi=n	aduγu	qulaγayila=n	taγu=ǰu …[①]
	达木林	旗	经过-ADVL	马	偷-ADVL	赶-ADVL

达木林挨个旗县偷马匹……

例句中不但有联合副词化成分“-n”，还有并列副词化成分“-ǰu”，而且第二个联合副词化成分“-n”与并列副词化成分“-ǰu”是相继出现的。第一个联合副词化成分的用法与在联合副词化成分部分分析的其他例句中的用法基本一致，是动词短语“damrin…qosiγu damǰi”与联合副词化成分“-n”合并后形成了联合副词化短语“damrin…qosiγu damǰi=n”。

现在我们重点分析“aduγu qulaγayila=n taγu=ǰu”的构成。“aduγu/马”是“qulaγayila/偷”的必有成分，所以它们可以合并为动词短语[VP aduγu qulaγayila]。该动词短语再与联合副词化成分“-n”合并后，构成联合副词化短语[ADVLP aduγu qulaγayila=n]。联合副词化短语再与动词[V taγu/赶]合并构成动词短语[VP aduγu

① 布仁特古斯．旷荡的原野［M］．呼和浩特：内蒙古人民出版社，2001：19.

qulaγayila=n taγu］。最后，新形成的动词短语与并列副词化成分“-ǰu”合并构成了并列副词化短语［ADVLP aduγu qulaγayila=n taγu=ǰu］。所以，例（9）是副词化短语套副词化短语的一种特殊情况。

（10）a. 

tegeged quwa mori-yi ergigül=ǰü toγuriγul=ǰu üǰe=gsen…①

然后 花 马-ACC 转来转去-ADVL 看-ADJL

然后围着花色的马转来转去看……

b. 

…quduγ-tu ǰöngdegen oru=ǰu γar=ču čaγara=ǰai.②

井-ALL 经常 进进出出-ADVL 熟练-PST

（某人）经常往井里进进出出就熟练了

例句 a 与 b 中包含并列副词化成分“-ǰu/-ǰü，-ču”，它们分别组成了“ergigül=ǰü toγuriγul=ǰu/转来转去”“oru=ǰu γar=ču/进进出出”这种固定词组，这种用法与我们之前讨论的副词化成分连接动词短语构成副词化短语不同，类似用法属于构成复合动词的词法问题。所以我们将例句（10）a、b 中的“ergigül=ǰü toγuriγul=ǰu”“oru=ǰu γar=ču”，视为复合动词，这类词在长期使用过程中已成为一种固定体。因此，在类似结构中副词化成分“-ǰu”起到连接两个动词的作用，与构成副词化短语的解释不一样。

综上所述，单纯连接副词化成分，即并列副词化成分（JU）、分离副词化成分（GAD）、联合副词化成分（N）构成的副词化短语句法特征总结如下：

（1）单纯连接副词化成分，可以与动词短语（VP）合并构成单纯连接副词化短语（ADVLP），VP+ADVL→ADVLP。

（2）单纯连接副词化短语一般出现在动词前面，有时两者之间会出现附加语，但是这并不影响整体的结构，因为附加语是可有可无成分。

（3）并列副词化短语可以与主句共享一个主语，也可以有自己独立的主语。

（4）单纯连接副词化成分是单纯连接副词化短语的核心语类。

① 布仁特古斯．旷荡的原野［M］．呼和浩特：内蒙古人民出版社，2001：21.

② 布仁特古斯．旷荡的原野［M］．呼和浩特：内蒙古人民出版社，2001：23.

（5）单纯连接副词化成分连接两个动词构成复合动词的情况属于词法问题，不属于句法问题。

第二节　制约连接副词化成分

现代蒙古语第二类副词化成分是制约连接副词化成分。制约连接副词化成分包括立刻副词化成分、跟随副词化成分、前提副词化成分、假定副词化成分、让步副词化成分、迎接副词化成分、目的副词化成分和趁机副词化成分等八种副词化成分。这类副词化成分主要表示前面动作的行为性状是后面动作行为性状完成与否的条件。也就是前面动作的行为性状制约后面动作行为性状。

一、立刻副词化成分

由立刻副词化成分构成的副词化短语可以表示前面的动作或状态完成后，立刻出现后面的动作或状态。立刻副词化成分有-maγča 和-megče 两种形式，与有些动词连写时中间需要连接元音。

（11）a. ᠮᠣᠷᠢ ᠶᠢ ᠬᠠᠷᠠᠮᠠᠭᠴᠠ ᠯᠠ ᠡᠨᠡ ᠮᠣᠷᠢ ᠬᠤᠷᠳᠤᠨ ᠮᠣᠷᠢ ᠪᠠᠶᠢᠨ᠎ᠠ᠃

mori-yi qara=maγča la ene mori qurdun mori bayi=n_a.①

马-ACC 看-ADVL MOOD 这个 马 快 马 有-PST

这马一看就是一匹快马。

b. ᠪᠢ ᠲᠡᠭᠦᠨ ᠢ ᠦᠵᠡᠮᠡᠭᠴᠡ ᠲᠠᠨᠢᠭᠰᠠᠨ

bi tegün-i üǰe=megče tani=γsan.

1st 3rd-ACC 看-ADVL 认出-ADJL：PST

我一看，便认出了他。②

例 a 中“mori”是动词“qara-”的必有论元，按照传统蒙古语语法解释，动词“qara-”支配前面的名词“mori”，而不是副动词“qara=maγca”在支配

① 布仁特古斯．旷荡的原野［M］．呼和浩特：内蒙古人民出版社，2001：4.

② 清格尔泰．蒙古语语法［M］．呼和浩特：内蒙古人民出版社，1992：272.

名词“mori”，副词化成分“-maγča”连接在动词短语“mori-yi qara-”上，表示一旦发生该副词化短语所提到的动作，后面就会出现另一个动作或状态。动词词干“qara-”上还可以加上“-ba”、“-γsan”等成分，因为这些形式不能独立书写，必须附加于前面的动词上一块书写，所以让人们觉得它们只是动词的形态变化。其实，这些形式加在动词上后，其意义是贯穿全句，它们是属于整个动词短语，而不是只属于所相加的那个动词。因此，“-maγča”副词化成分也能附加在动词短语上，构成“-maγča”副词化短语。例 a 的“-maγča”副词化短语树形图为：

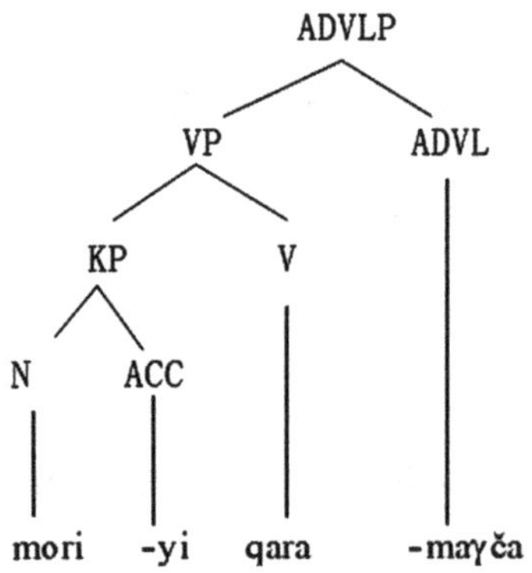

另外，构成该例句的“mori-yi qara=maγča la”和“ene mori qurdun mori bayi=n_a”两部分的动作主体不一样，主句的主语并不是从包含在句中的副词化短语内部移出来的，这和我们在前面分析的其他例句有区别。“ene mori qurdun mori bayi=n_a/这是匹快马”的主语是“mori”。在这句中嵌入了副词化短语“mori-yi qara=maγča la/一看就”，“qara”的主体可能是根据上下文不言自明的人物，所以在这里省略了，也就是“qara”的主体绝对不是“mori”。两个部分的动作主体不一样，主句的主语也并不是从副词化短语内部为了获得主格而移出来的。所以，该副词化短语与主句不共享一个主语。

c. bi　tegün-i　üǰe=megče　tani=γsan.

　1st　3rd-ACC　看-ADVL　认-ADJL：PST

　我一看便认出了他。

该例句可以分析为“bi tegün-i üǰe/我看他”和“bi tegün-i tani=γsan/我认出了他”两个部分，也就是“üǰe”是“tani=γsan”的前提条件，因此为了把意思表达得更清楚，需要借助副词化成分合并两个部分。如借助立刻副词化成分“-megče”后，合并为“bi tegün-i üǰe=megče tani=γsan.”，为原有的动词短语“bi tegün-i üǰe”增添了副词化的语法意义。我们还可以用如下变化图表示[①]：

bi tere kümün-i { üǰe=gseger / üǰe=n / üǰe=meče / üǰe=nggüte / üǰe=neren / üǰe=negčeren / üǰe=l_e(gegseger getel_e) / üǰe=be(gegseger getel_e) / üǰe=kü ni ču tere / üǰe=gsen darui / ⋮ } taničiqa=ǰai

图 1

虽然“bi tere kümün i”连用括弧内的动词“üǰe”连接副词化成分“-gseger，-n，-meče，-nggüte，-neren，-negčeren”和“-l_e（gegseger getel_e），-be（gegseger getel_e），-kü ni ču tere，-gsen darui”等形式后，都可以表示“我一看他便”的语法意义，但是这些意义是学者根据上下文的意义强加给它的。因为句子“bi tere kümün i üǰe=gseger taničiqa=ǰai ”还可以理解为“我看着看着他就认出来了”，不是一看马上就认出来，而是看了一会儿突然唤起一些回忆后认出了他。还有“bi tere kümün i üǰe=n taničiqa=ǰai ”也并不是只可以理解为“我看了便认出了他”，还可以理解为“我看了他之后认出了”等等。也就是独立的副词化成分“-megče，-gseger，-n，-meče，-nggüte，-neren，-negčeren”等并没

① 清格尔泰．蒙古语语法［M］．呼和浩特：内蒙古人民出版社，1992：273.

有实际意义，它们只起副词化作用。“bi tere kümün-i üǰe/我看那个人”上附加这些副词化成分后，动词短语“bi tere kümün-i üǰe”整体副词化，从而修饰了“（bi tere kümün-i）taničiqa=ǰai”。因此，我们需要做如下调整使句法层次关系更为清晰。

bi tere kümün i üǰe {
-gseger
-n
-meče
-nggüte
-neren
-negčeren
-l_e(gegseger getel_e)
-be(gegseger getel_e)
-kü ni ču tere
-gsen darui
⋮
} **(bi tere kümün i 已省略) taničiqa=ǰai**

图 2

“bi tere kümün i üǰe”连接括弧内的副词化成分后构成了副词化短语，这些副词化短语再修饰动词“taničiqa=ǰai/认出了”。如：

{
bi tere kümün i üǰe=gseger
bi tere kümün i üǰe=n
bi tere kümün i üǰe=meče
bi tere kümün i üǰe=nggüte
bi tere kümün i üǰe=neren;
bi tere kümün i üǰe=negčeren
⋮
} taničiqa=ǰai

图 3

动词“taničiqa=ǰai/认出了”的“-ǰai”表示过去时，过去时的语法意义贯穿整个图 3 的各动词短语，最终动词短语都将构成各自的时态短语 TP。

二、跟随副词化成分

由跟随副词化成分构成的副词化短语，可以表示完成某个动作时跟随着发生另一个动作，还可以表示在完成某个动作的过程中性质、特点变得越来越明显，或者表示取舍和对比等意义。蒙古语跟随副词化成分有：“-qular/-küler；-qul_a-ban/-kül_e-ben”。书面语中，依据元音和谐律区分使用。跟随副词化成分与动词短语合并可以构成跟随副词化短语。如：

（12）a. ᠴᠢᠮᠠᠢ　ᠬᠡᠯᠡᠭᠦᠯᠡ　ᠰᠠᠶᠢ　ᠮᠡᠳᠡᠵᠡᠢ

čimayi　kele=kül_e　saYi　mede=ǰei. ①

2nd-ACC　说-ADVL　才　知道-PST

你说了我才知道。

跟随副词化短语的括弧式描写如下：

[ADVLP [VP čimayi　kele] [ADVL-kül_e]] saYi　mede=ǰei.

例句中“-kül_e”可以用“-küler”替换，表示同样的语法意义。该句中“čimayi kele=kül_e/你说了才”这一动作刚发生，后面就跟着发生了“bi saYi mede=ǰei/我才知道”这一动作。这里起到关键作用的是跟随副词化成分“-kül_e”。由于副词化成分“-kül_e”附加到动词短语“čimayi kele”上，构成了副词化短语“čimayi kele=kül_e”，才把这种细腻的语感表达了出来。没有跟随副词化成分“-kül_e”参与，“cimayi kele/你说”和“bi mede=ǰei 我知道”这两个部分就无法表达出后面动作是跟随前面动作发生的这层语法意义。

然而跟随副词化成分“-kül_e”不单是附加在动词“kele-”上，应当是附加在整个动词短语“čimayi kele-”上，构成了跟随副词化短语“čimayi kele=kül_e”。

① 清格尔泰．蒙古语语法［M］．呼和浩特：内蒙古人民出版社，1992：273.

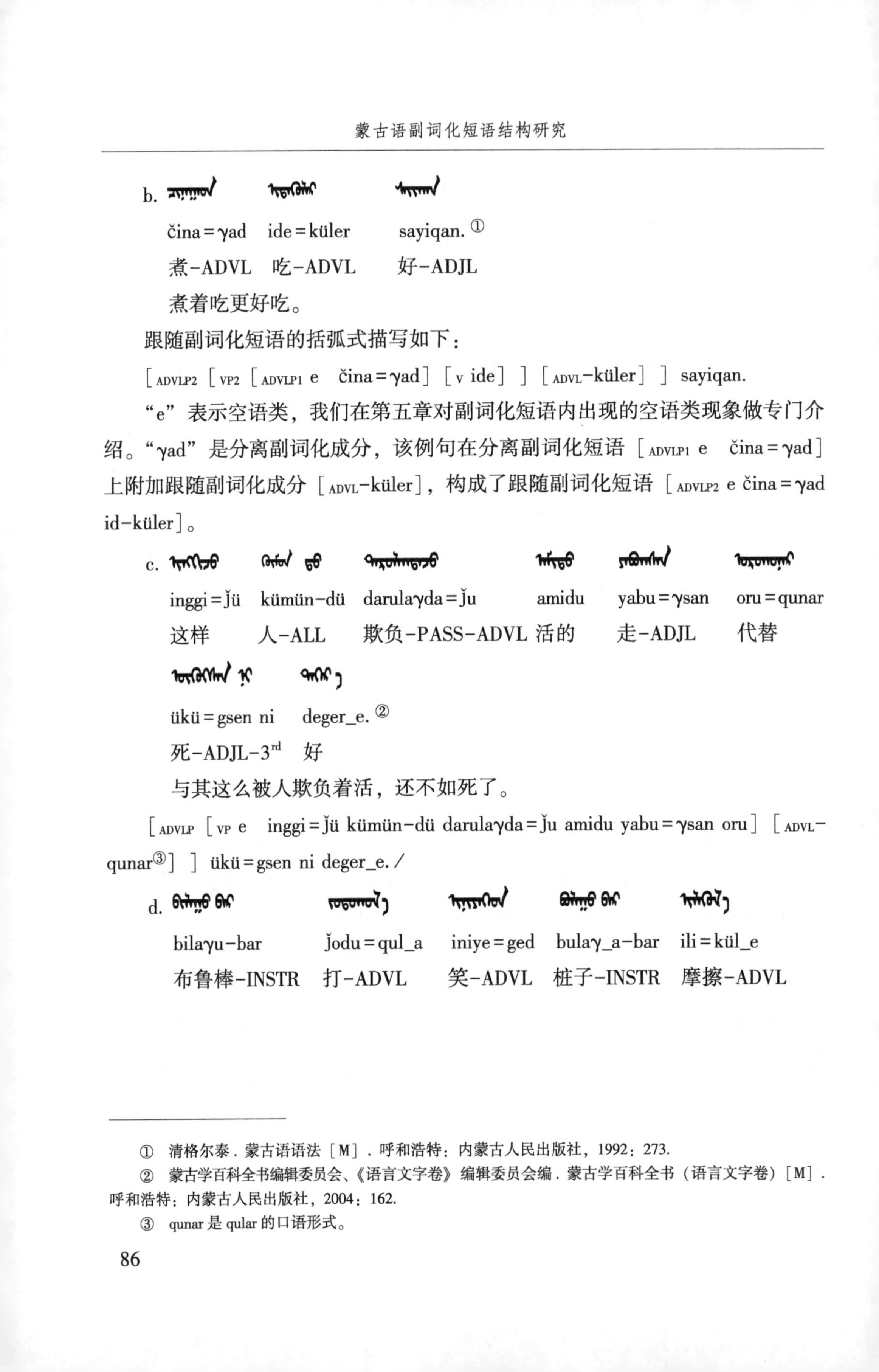

b.

čina=γad　ide=küler　sayiqan.①

煮-ADVL　吃-ADVL　好-ADJL

煮着吃更好吃。

跟随副词化短语的括弧式描写如下：

[ADVLP2 [VP2 [ADVLP1 e　čina=γad] [V ide]] [ADVL-küler]] sayiqan.

“e”表示空语类，我们在第五章对副词化短语内出现的空语类现象做专门介绍。“γad”是分离副词化成分，该例句在分离副词化短语 [ADVLP1 e　čina=γad] 上附加跟随副词化成分 [ADVL-küler]，构成了跟随副词化短语 [ADVLP2 e čina=γad id-küler]。

c.

inggi=ǰü　kümün-dü　darulaγda=ǰu　amidu　yabu=γsan　oru=qunar

这样　人-ALL　欺负-PASS-ADVL　活的　走-ADJL　代替

ükü=gsen ni　deger_e.②

死-ADJL-3rd　好

与其这么被人欺负着活，还不如死了。

[ADVLP [VP e　inggi=ǰü kümün-dü darulaγda=ǰu amidu yabu=γsan oru] [ADVL-qunar③]] ükü=gsen ni deger_e./

d.

bilaγu-bar　ǰodu=qul_a　iniye=ged　bulaγ_a-bar　ili=kül_e

布鲁棒-INSTR　打-ADVL　笑-ADVL　桩子-INSTR　摩擦-ADVL

---

① 清格尔泰. 蒙古语语法 [M]. 呼和浩特：内蒙古人民出版社，1992：273.

② 蒙古学百科全书编辑委员会、《语言文字卷》编辑委员会编. 蒙古学百科全书（语言文字卷）[M]. 呼和浩特：内蒙古人民出版社，2004：162.

③ qunar 是 qular 的口语形式。

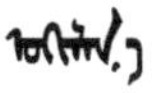

ukila=n_a. ①

哭-PRES

欺软怕硬。

［ADVLP［VP e　bilaγu-bar ǰodu］［ADVL-qul_a］］iniye=ged bulaγ_a-bar ili=kül_e ukila=n_a.

跟随副词化短语附加反身领属成分“-ban，-ben，-iyan，-iyen”，可以表示动作进行的预定时间。如：

yabu=qul _a-ban　ab=u=γad　yabu. ②

走-ADVL-RPOS　拿-ADVL　走

临走时（你）拿走吧。

第一步［VP e yabu］［ADVL-qul_a］［K-ban］；

第二步［KP［ADVLP e yabu-qul_a］］［K-ban］；

第三步［KP e yabu-qul_a-ban］。

三、前提副词化成分

由前提副词化成分构成的副词化短语可以表示前面动作是后面动作的前提条件，只有前面的动作发生时，才会发生后面的动作。前提副词化成分有：“-manǰin，-menjǰin，-man，-men”，与部分动词连写时中间需要连接元音。在前提副词化成分后面经常出现“saYi”，来强调只有完成前提条件才能实现后面情况的语法意义。如：

(13) 

bi　kele=men　či　saYi　mede=n_e. ③

① 蒙古学百科全书编辑委员会、《语言文字卷》编辑委员会编．蒙古学百科全书（语言文字卷）［M］．呼和浩特：内蒙古人民出版社，2004：162.

② 清格尔泰．蒙古语语法［M］．呼和浩特：内蒙古人民出版社，1992：274.

③ 道布．蒙古语简志［M］．北京：民族出版社，1983：55.

1st 说-ADVL　2nd　才　知道-PRES

我说了你才知道。

例句由［bi kele］+［-men］+［či saYi mede=n_e］三个部分组成，［bi kele］是前提，［či saYi mede=n_e］是结果。前提副词化成分［-men］附加在动词短语“bi kele/我说”上，构成了前提副词化短语“bi kele=men”，该副词化短语修饰主句“či saYi mede=n_e/你才知道”。这种关系可以用树状图表示如下：

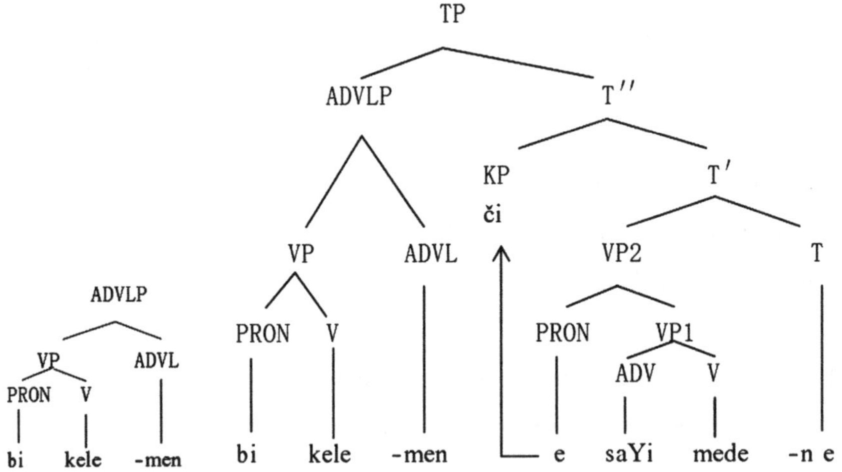

从形式上讲，前提副词化成分“-men”与动词短语“bi kele”合并，构成了副词化短语后，再与后面的主句“či saYi mede=n_e”合并。前提副词化短语“bi kele=men”是“či saYi mede=n_e”的前提条件状语。

四、假定副词化成分

由假定副词化成分构成的副词化短语，可以表示前一个动作是假设的动作或者是后面动作的前提条件，有时也表示对比、选择、引用等关系。通常表示“如果……”，假定副词化成分有“-bɑl、-bel”，依据元音和谐律区分使用。如：

（14）a.

köl γar-tai-ban　neyile-bel　yamar　sürekei　bayi=daγ　bol?![1]

① 布仁特古斯．旷荡的原野［M］．呼和浩特：内蒙古人民出版社，2001：13.

脚 手-COMIT-RPOS 合-ADVL　多么　厉害　有-ADJL　啊

如果手脚合起来的话，不知道有多厉害。[假设]

[ADVLP [VP köl γar-tai-ban neyile] [ADVL-bel]] yamar sürekei bayi=daγ bol?!

b.

kеǰiy_e　qulaγai-yi　bari-bal　keǰiy_e　ire=n_e.①

何时　小偷-ACC　抓-ADVL　何时　来-PRES

何时抓到小偷，何时回来。[前提]

[ADVLP [VP e　keǰiy_e qulaγai-yi bari] [ADVL-bal]] keǰiy_e ire=n_e.

c.

keüken　ös-bel　qari-du　murda=ǰu　küü　ös-bel

女孩　长大-ADVL　异地-ALL　嫁-ADVL　男孩　长大-ADVL

beri　baγulγa=daγ　čini　yosu　biǰe.②

媳妇　娶-ADJL　2nd　理　啊-MOOD

女儿长大要嫁人，儿子长大要娶媳妇，是这么个道理啊。[对比]

[ADVLP [VP keüken ös] [ADVL-bel]] qari-du murda=ǰu

[ADVLP [VP küü ös] [ADVL-bel]] beri baγulγa=daγ čini yosu biǰe.

d.

ta　üge　bayi -bal　kele　ös　bayi-bal　toγači.③

2nd　话　有-ADVL　说　仇　有-ADVL　诉

有话就说，有怨就诉。[选择]

[ADVLP [VP ta üge bayi] [ADVL-bal]] kele [ADVLP [VP ös bayi] [ADVL-bal]] toγači.

e.

qaraγul-iyan keǰiy_e soli=daγ　yum　bui?　ge=ǰu　asaγu=bal:

哨兵-RPOS　何时　换-ADJL-HAB 是-MOOD 啊　这样　问-ADVL

① 布仁特古斯．旷荡的原野［M］．呼和浩特：内蒙古人民出版社，2001：40.

② 布仁特古斯．旷荡的原野［M］．呼和浩特：内蒙古人民出版社，2001：118.

③ 布仁特古斯．旷荡的原野［M］．呼和浩特：内蒙古人民出版社，2001：50.

quluγan_a，luu， γaqai čaγ-tu γurba soli=daγ ge=l_e.[1]
子 辰 亥 时-ALL 三 换-ADJL-HAB 说-PST
问哨兵何时换岗时，答曰：子、辰、亥时各换一次岗。[引用]

[ADVLP [VP …ge=ǰü asaγu] [ADVL-bal]]

假定副词化短语的构成也不例外，它是动词短语 [VP köl γar-tai-ban neyile]、[VP e keǰiy_e qulaγai-yi bari]、[VP keüken ös]、[VP ta üge bayi]、[VP e asaγu] 和副词化成分 [-bal/-bel] 合并后，构成各自的假定副词化短语，这些副词化短语又在修饰各自的主句谓语。

五、让步副词化成分

由让步副词化成分构成的副词化短语可以表示即使实现了前面的动作也不影响后面的动作。通常表示“即使……也不……”，让步副词化成分有：“-baču，-bečü”，依据元音和谐律区分使用。如：

(15) a.
čebelm _a buruγu qara=γsan čig-tegen sonus=u=γsan bol=baču
策布乐玛 背对 看-ADJL：PST 向-LOC 听-ADJL：PST 有-ADVL
sunus=u=γsan ügei sig saγu=n_a.[2]
听-ADJL：PST NEG 像 坐-PRES
策布乐玛背对坐着，即使听见了也装没听见。

[ADVLP [VP čebelm_a buruγu qara=γsan čig-tegen sonus=u=γsan bol] [ADVL-bač u]] sunus=u=γsan ügei sig saγu=n_a.

b.
noyan-u uraqan-du genede=bečü una=daγ， ese genede=be čü

① 布仁特古斯．德力格尔杭盖［M］．北京：民族出版社，1997：37.
② 布仁特古斯．旷荡的原野［M］．呼和浩特：内蒙古人民出版社，2001：30.

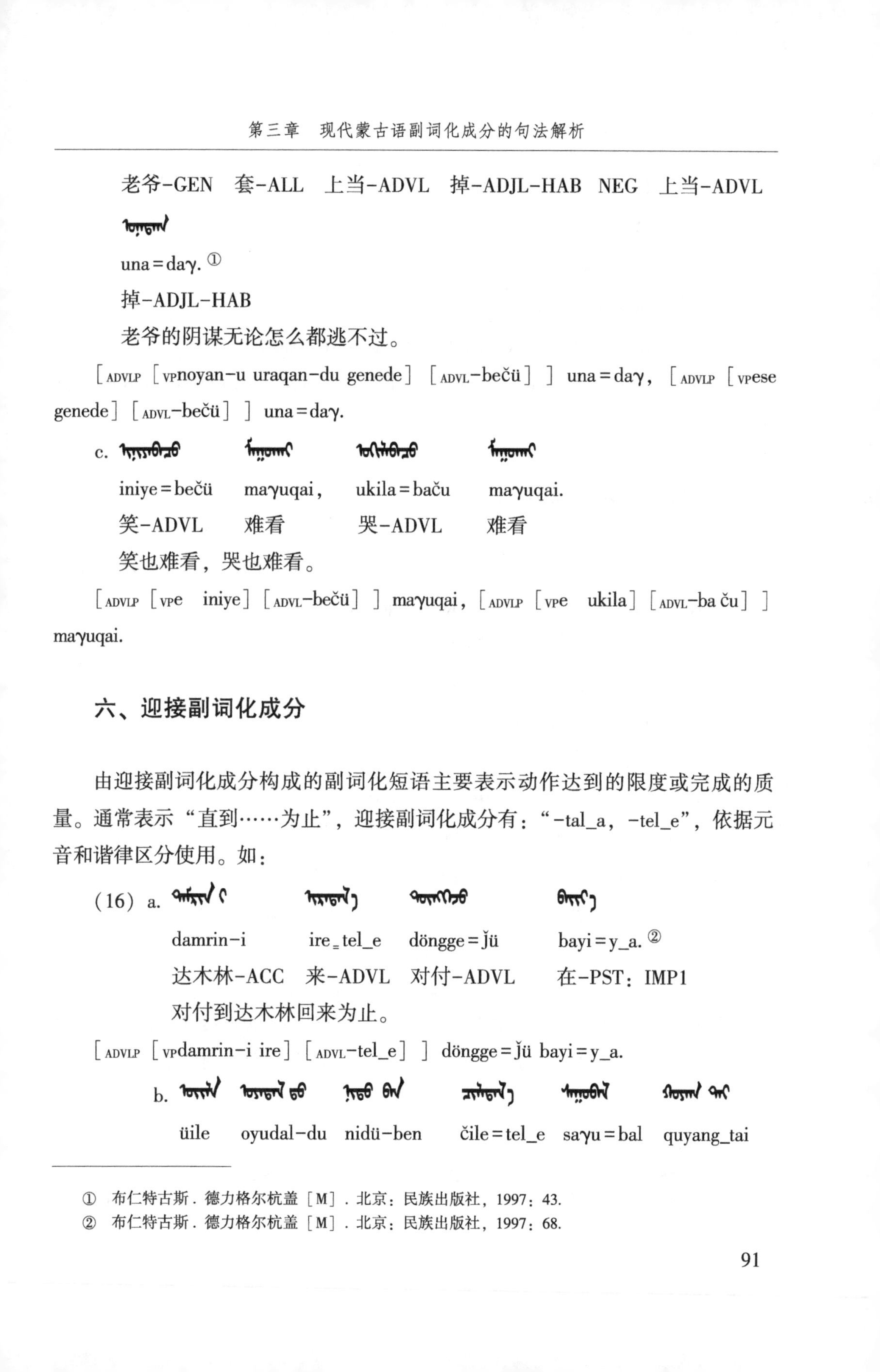

老爷-GEN　套-ALL　上当-ADVL　掉-ADJL-HAB　NEG　上当-ADVL

una = daγ. ①

掉-ADJL-HAB

老爷的阴谋无论怎么都逃不过。

［ADVLP ［VPnoyan-u uraqan-du genede］［ADVL-bečü］］una = daγ,［ADVLP ［VPese genede］［ADVL-bečü］］una = daγ.

c.

iniye = bečü　maγuqai,　ukila = baču　maγuqai.

笑-ADVL　难看　哭-ADVL　难看

笑也难看，哭也难看。

［ADVLP ［VPe　iniye］［ADVL-bečü］］maγuqai,［ADVLP ［VPe　ukila］［ADVL-ba ču］］maγuqai.

六、迎接副词化成分

由迎接副词化成分构成的副词化短语主要表示动作达到的限度或完成的质量。通常表示“直到……为止”，迎接副词化成分有：“-tal_a，-tel_e”，依据元音和谐律区分使用。如：

（16）a.

damrin-i　ire₌tel_e　döngge = ǰü　bayi = y_a. ②

达木林-ACC　来-ADVL　对付-ADVL　在-PST：IMP1

对付到达木林回来为止。

［ADVLP ［VPdamrin-i ire］［ADVL-tel_e］］döngge = ǰü bayi = y_a.

b.

üile　oyudal-du　nidü-ben　čile = tel_e　saγu = bal　quyang_tai

① 布仁特古斯．德力格尔杭盖［M］．北京：民族出版社，1997：43.

② 布仁特古斯．德力格尔杭盖［M］．北京：民族出版社，1997：68.

活儿　缝纫-ALL　眼睛-RPOS　乏-ADVL　坐-ADVL　病痹-COMIT

ᠪᠣᠯᠳᠠᠭ

bol=daγ. ①

成-ADJL：HAB

缝纫类活儿做久了眼睛会乏，甚至导致痛痹。

[ADVLP [VP üile oyudal-du nidü-ben čile] [ADVL-tel_e]] saγu=bal quyang _tai bol=daγ.

七、目的副词化成分

包含目的副词化成分的副词化短语表示主句动作的目的，有时也表示选择的意义。目的副词化成分有：“-qar/-ker，-quy_a/küy_e”。如：

(17) a. ᠪᠢᠴᠢᠭ ᠠᠪᠬᠤ ᠪᠠᠷ ᠢᠷᠡᠵᠡᠢ

bičig　ab=qar　ire=ǰei. ②

书　取-ADVL　来-PST

来取书了。(目的)

[ADVLP [VP e bičig ab] [ADVL-qar]] ire=ǰei.

b. ᠮᠠᠨᠢ ᠲᠣᠭᠠᠯᠠᠬᠤ ᠪᠠᠷ ᠮᠠᠯ ᠬᠠᠷᠢᠭᠤᠯ

mani　toγala=qar　mal　qariγul. ③

念珠　数-ADVL　牛　放-CAUS：CAUS

与其念珠，不如放牛。(选择)

[ADVLP [VP e mani toγala] [ADVL-qar]] mal qariγul.

清格尔泰教授在《蒙古语语法》中指出：“形动词下边连接动词时（一般通过某种格），它所起的作用与副动词的作用一样。因此，形动词的某些连接形式

① 布仁特古斯．德力格尔杭盖［M］．北京：民族出版社，1997：69.

② 清格尔泰．蒙古语语法［M］．呼和浩特：内蒙古人民出版社，1992：277.

③ 蒙古学百科全书编辑委员会、《语言文字卷》编辑委员会．蒙古学百科全书（语言文字卷）［M］．呼和浩特：内蒙古人民出版社，2004：162.

与副动词的界限不清。如：ᠬᠤ ᠯᠤᠭ᠎ᠠ qu－luγ_a 与 ᠬᠤᠯ᠎ᠠ qul_a；ᠬᠤ ᠪᠠᠷ qu－bar 与 ᠬᠠᠷ qar 等。”①

上例中 a、b 的副词化成分还可以用“-qu-bar”代替。如：

c. bičig　ab=qu-bar ire=ǰei. /来取书。

d. mani toγala=qu-bar mal qariγul=. / 与其念珠，不如放牛。

生成语法框架下，虽然 a 与 c，b 与 d 表达的意义一样，但是它们的句法层次关系与句法意义却不一样。如下所示：

包含副词化短语的句子 a 的树状图为：

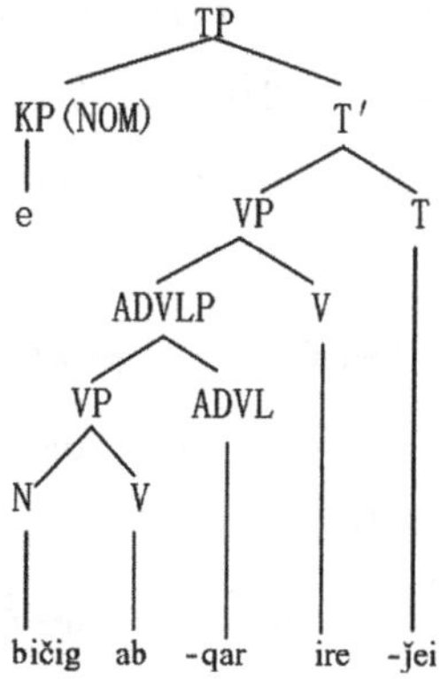

包含形容词化成分的句子 C 的树状图为：

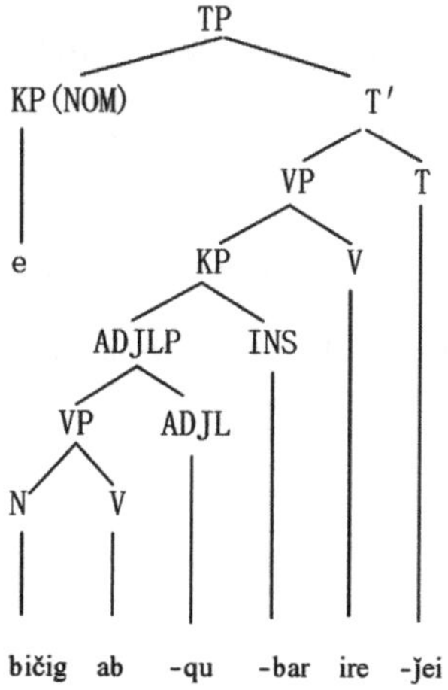

① 清格尔泰．蒙古语语法［M］．呼和浩特：内蒙古人民出版社，1992：267.

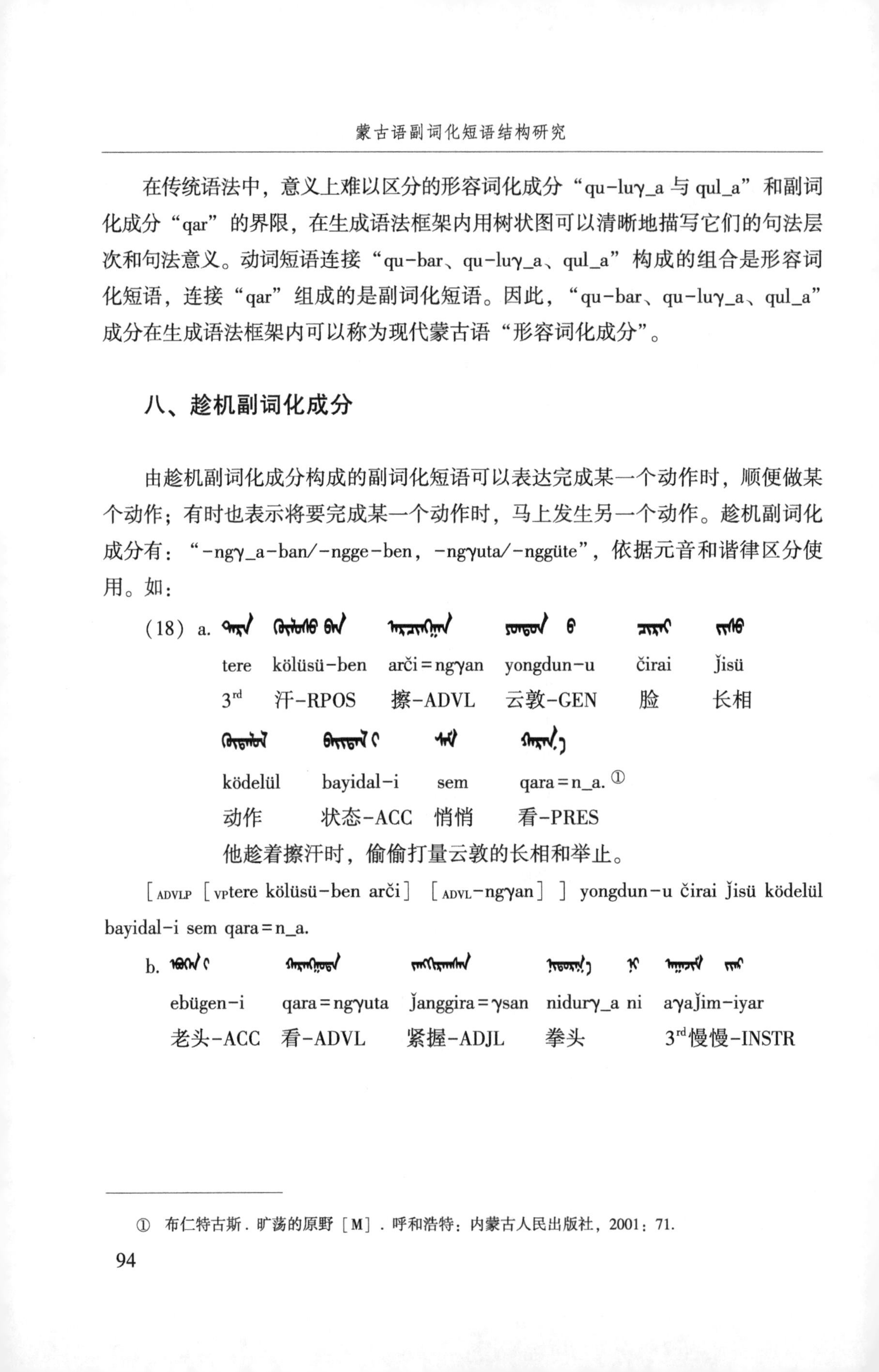

在传统语法中，意义上难以区分的形容词化成分“qu-luγ_a 与 qul_a”和副词化成分“qar”的界限，在生成语法框架内用树状图可以清晰地描写它们的句法层次和句法意义。动词短语连接“qu-bar、qu-luγ_a、qul_a”构成的组合是形容词化短语，连接“qar”组成的是副词化短语。因此，“qu-bar、qu-luγ_a、qul_a”成分在生成语法框架内可以称为现代蒙古语“形容词化成分”。

八、趁机副词化成分

由趁机副词化成分构成的副词化短语可以表达完成某一个动作时，顺便做某个动作；有时也表示将要完成某一个动作时，马上发生另一个动作。趁机副词化成分有：“-ngγ_a-ban/-ngge-ben，-ngγuta/-nggüte”，依据元音和谐律区分使用。如：

(18) a.

tere kölüsü-ben arči=ngγan yongdun-u čirai ǰisü
3rd 汗-RPOS 擦-ADVL 云敦-GEN 脸 长相

ködelül bayidal-i sem qara=n_a. ①
动作 状态-ACC 悄悄 看-PRES

他趁着擦汗时，偷偷打量云敦的长相和举止。

[ADVLP [VPtere kölüsü-ben arči] [ADVL-ngγan]] yongdun-u čirai ǰisü ködelül bayidal-i sem qara=n_a.

b.

ebügen-i qara=ngγuta ǰanggira=γsan nidurγ_a ni aγaǰim-iyar
老头-ACC 看-ADVL 紧握-ADJL 拳头 3rd慢慢-INSTR

---

① 布仁特古斯．旷荡的原野［M］．呼和浩特：内蒙古人民出版社，2001：71.

ᠰᠤᠯᠠᠷᠠᠪᠠ

sulara=ba. ①

松了-PST

一看见老头，紧握的拳头就慢慢松开了。

[ADVLP [VP e ebügen-i qara] [ADVL-ngγuta]] ǰanggira=γsan nidurγ_a ni aγaǰim-iyar sulara=ba.

总之，制约连接副词化成分的主要句法特点有：

（1）制约连接副词化成分连接在动词短语后面构成制约连接副词化短语。

（2）制约连接副词化成分构成的制约副词化短语常常做其他动作的状语。

（3）制约连接副词化短语构成的制约副词化短语可以有自己独立的主语，也可以与主句共享主语。

（4）制约连接副词化成分是制约连接副词化短语的核心语类。

第三节　混合连接副词化成分

混合连接副词化成分既包含单纯连接副词化成分的特点也包含制约连接副词化成分的特点，同时，还具有自己独特的副词化成分特点。它只有延续副词化成分一种形式。延续副词化成分有“-γsaγar，-gseger”两种连接形式，这两种连接形式依据元音和谐律区分使用。包含延续副词化成分的副词化短语可以表示一个动作持续到另一个动作结束。如：

（19）a. ᠤᠳᠪᠠᠯᠠ　ᠳᠦᠳᠦᠨᠡᠨ　ᠤᠢᠯᠠᠭᠰᠠᠭᠠᠷ　ᠰᠢᠭᠤᠳ ᠭᠡᠷ ᠵᠦᠭ ᠢᠶᠡᠨ　ᠭᠦᠶᠦᠪᠡ

udbal_a　düdüne=n　ukila=γsaγar　siγud　ger ǰüg-iyen　güyü=be. ②

乌达巴拉　嘟囔-ADVL 哭-ADVL　直接　家方向-RPOS 跑-PST

乌达巴拉泣不成声，直接往家跑了。

[ADVLP [VPudbal_a düdüne=n ukila] [ADVL-γsaγar]] siγud ger ǰüg-iyen güyü=be.

① 布仁特古斯．旷荡的原野［M］．呼和浩特：内蒙古人民出版社，2001：11.

② 布仁特古斯．旷荡的原野［M］．呼和浩特：内蒙古人民出版社，2001：115.

b. 

čečeg-eče　keüked　törü=gedüi　bai=γsaγar.[①]

其其格-ABL　孩子　没生　在-ADVL：CONT

其其格一直没有孩子。

[$_{TP}$ [$_{VP}$čečeg-eče keüked törü=gedüi bayi] [$_{ADVL}$-γsaγar]]

混合连接副词化成分的主要句法特点有：

(1) 混合连接副词化成分可以连接在动词短语后，构成混合连接副词化短语。

(2) 混合连接副词化成分构成的混合连接副词化短语，常常修饰动词或动词短语。

(3) 为了文学表达的需要，有时混合连接副词化成分可以结束句子，此时，混合连接副词化短语可以表达完整 TP 的意义。

(4) 混合连接副词化成分是混合连接副词化短语的核心语类。

总之，由一个动词短语副词化而形成的 ADVLP 的最大特点是，它与一个动词或句子结合后，可以充当主句的状语。因此，它们可以与一个副词相提并论。现代蒙古语语法中，副动词和这里所说的副词化成分等术语都来自这一特征。但是值得注意的是，副词可以修饰动词，也可以修饰形容词，但副词化短语都不能修饰形容词。另外，程度副词可以有级的变化，但副词化短语一般不会有级的变化，它们以副词化成分的身份起其他语言中的连词“由于、因为、如果、虽然、为了、一……就、越……越”等的作用。[②]

副词化短语的存在是蒙古语的一大特点，过去把动词的副词化形式作为动词的形态变化在词法部分进行讨论，这忽略了副词化成分不光是连接在动词上，而且连接在整个动词短语后面的特点，也就忽略了副词化成分的句法功能。

蒙古语副词化成分构成副词化短语非常活跃，有时为了文学作品的表达需要可以结束句子，如混合连接副词化成分“-γsaγar，-gseger”。但是在生成语法框架内，我们认为这种句子是省略了助动词，从而形成的特殊情况。换言之，它的

① 布仁特古斯．旷荡的原野［M］．呼和浩特：内蒙古人民出版社，2001：19.

② 力提甫·托乎提．从短语结构到最简方案——阿尔泰语言的句法结构［M］．北京：中央民族大学出版社，2004：92.

形式是在结束句子，但是实际上它和其他副词化成分没有区别，副词化成分只能附加在动词短语上构成副词化短语，这也是它最重要的句法特征。通过分析讨论现代蒙古语 12 种副词化成分的句法层次关系，我们可以总结归纳现代蒙古语普遍语法规律之一，即 VP+ADVL→ADVLP。

综上所述，将现代蒙古语副词化成分与副词化短语总结如下：

序号	ADVL	ADVLP	例
1	-ǰu/ǰü；-ču/-čü	并列副词化短语	salkin γar=ču
2	-γad/-ged	分离副词化短语	salki čoki=γad
3	-n	联合副词化短语	qabirγan sara dulayi=n
4	-maγča/-megče (-nara n/-neren)	立刻副词化短语	bi tegün-i üǰe=megče
5	-qular/-küler (-qul_a-ban/-kül_e-ben)	跟随副词化短语	čimayi kele=küler
6	-manǰin/-menǰin (-man/-men)	前提副词化短语	bi kele=men
7	-bal/-bel (-basu/-besü)	假定副词化短语	ta üge bayi=bal
8	-bačü/-bečü (-yačü/-yečü)	让步副词化短语	noyan-u uraqan-du genede=be čü
9	-tal_a/-tel_e	迎接副词化短语	damrin-i ire=tel_e
10	-qar/-ker (-quy_a/-küy_e)	目的副词化短语	bičig ab=qar
11	-ngγ_a-ban/-ngg_e-ben (-ngγuta/-nggüte)	趁机副词化短语	ebügen-i qara=ngγuta
12	-γsaγar/-gseger	延续副词化短语	udbal_a düdüne=n ukila=γsaγar

第四章　现代蒙古语副词化成分的句法功能

本章主要讨论现代蒙古语副词化成分的句法功能。正如前一章所述，现代蒙古语副词化成分有副词化功能，即可以把一个动词短语变成副词化短语。至于一个副词化短语在句中与什么样的成分合并，还需要进一步具体分析。副词化成分中单纯连接副词化成分最为活跃，它们有时所表达的副词化意义并不明显，而是只起连接作用。如一个单纯连接副词化成分可以连接两个普通动词、连接普通动词与助动词、连接普通动词与能动词等。副词化成分通过这些连接形式有时可以表现“体”的意义，如正在进行体、重复进行体、已经进行体、继续体等；有时还可以构成复合动词，如“ǰokiya = n̲ bayiγul = ǰu/组织；ide = ǰ̲ü̲ uuγu = qu/吃喝”等等。

上述功能属于蒙古语副词化成分构成副词化短语以外的功能，因为没有这些成分的参与，蒙古语的两个动词词干是不可以直接相加的，所以此时副词化成分主要起连接作用。本章第一小节将对副词化成分表现“体”的功能进行分析，第二小节将对副词化成分的连接作用进行讨论。

第一节　现代蒙古语副词化成分所体现的“体”

现代蒙古语的“体”在生成语法框架内可以用两种方式表示。一种是由副词化成分本身体现的“体”，要在树状图 AUX 框架下，ADVL 副词化成分底下做标记，也就是分别标上正在进行体、重复进行体、已经进行体、继续体、一再进行体、多次进行体、长期持续体、延续体、持续体等。另一种是副词化成分连接动词与体助动词表达的“体”，要在 AUX（auxiliary）底下注明。

但是，副词化成分连接普通动词与助动词“bayi”的情况比较特殊，因为“bayi”在某些情况下可以起到其他语言系动词（COP，Copula）的作用。所以，副词化成分连接“bayi”体现的“体”和副词化成分连接其他助动词体现的“体”要严格区分开。

现代蒙古语副词化成分由以下三种方式表示动作进行的状态，即动作的发展阶段或特殊性质。

（1）混合连接副词化成分“-GSAGAR”本身可以表现体。

（2）单纯、混合连接副词化成分可以连接普通动词与助动词来表现体。

（3）在同一个动词上重复连用，单纯、混合连接副词化成分的形式，或者在不同的动词上交替使用单纯、混合连接副词化成分的形式表现体。

一、单纯连接副词化成分体现“体”

（一）单纯连接副词化成分有“-JU、-GAD、-N”等形式。它们可以连接普通动词与助动词（如 bayi）的形式表示正在进行体、重复进行体、已经进行体与继续体等“体”的意义。如：

（1）a. ᠶᠣᠩᠳᠤᠨ　ᠭᠡᠳᠡᠭ　ᠬᠦᠮᠦᠨ　ᠶᠠᠪᠤᠵᠤ　ᠪᠠᠶᠢᠨ᠎ᠠ

yongdun　gedeg　kömün　yabu=ǰu bayi=n_a.[①]

云敦　叫　人　走-PROG-PRES

叫云敦的人在走。（正在进行体）

b. ᠨᠢᠭᠤᠷ　ᠴᠢᠨᠢ　ᠨᠢᠭᠡ　ᠯᠡ　ᠰᠠᠶᠢᠬᠠᠨ　ᠭᠢᠯᠠᠯᠵᠠᠭᠠᠳ　ᠪᠠᠶᠢᠨ᠎ᠠ

niγur čini　nige le　sayiqan　gilalǰa=γad bayi=n_a.[②]

脸　2nd　一　MOOD　好看　发光-ITE-PRES

niγur čini nige le sayiqan gilalǰa=γad bayi=n_a.

你的脸在闪闪发光。（重复进行体）

① 布仁特古斯．旷荡的原野［M］．呼和浩特：内蒙古人民出版社，2001：72.

② 布仁特古斯．旷荡的原野［M］．呼和浩特：内蒙古人民出版社，2001：72.

c.

ǰoba = γad bayi = n_a. ①

难受-ITE：PRES

总是难受。(重复进行体)

d.

tere kömün keǰiyenei ire = ged bayi = n_a. ②

那个 人 早 来-PERF-PRES

那人早来了。(已经进行体)

e.

neyite mongγulčud nasi-ban sarabčila = n bayi = n_a.

总 蒙古同胞 往这边-RPOS (望)③ -CONT-PRES

蒙古族同胞们都往这边望着呢④。(继续体)

上述例句中的“体”都由“单纯连接副词化成分+ bayi”的形式表现，至于助动词“bayi = n_a”的各种形态变化，如“bayi = ǰai，bayi = y_a，bayi = ba…”等不会影响副词化成分与“bayi”连用表现“体”。

一般来说，“-ǰü bayi”形式主要表现正在进行体；“-γad bayi”形式主要表现已经进行体和重复进行体；“-N bayi”形式主要表现继续体。用树状图可以描写如下：

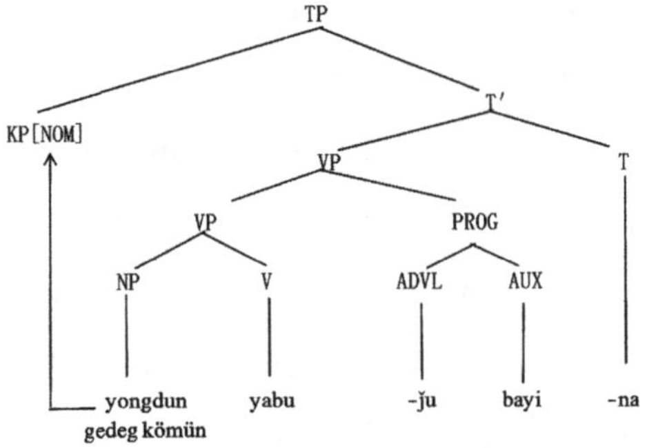

① 布仁特古斯．旷荡的原野［M］．呼和浩特：内蒙古人民出版社，2001：79.

② 清格尔泰．蒙古语语法［M］．呼和浩特：内蒙古人民出版社，1992：325.

③ sarabcila = n 直译为遮光，意译为遮光望。

④ 嘎日迪主编．现代蒙古语（蒙文）［M］．呼和浩特：内蒙古教育出版社，2001：448.

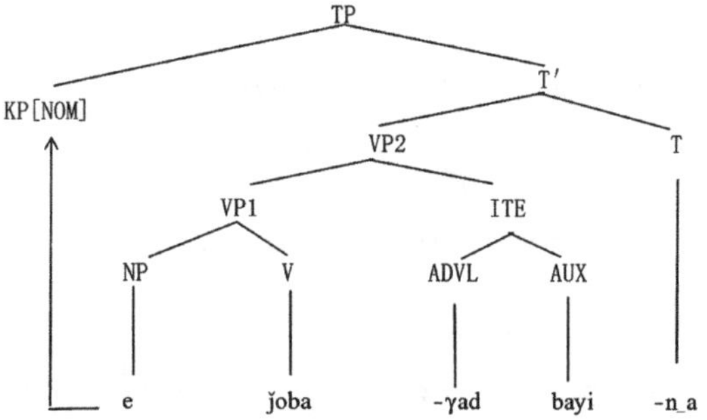

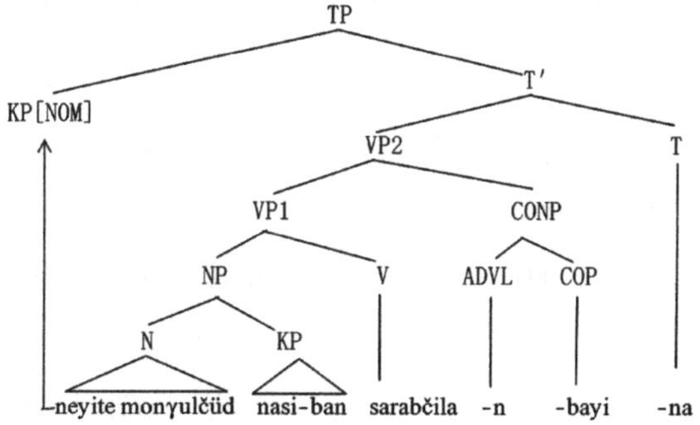

这里需要注意的是助动词“bayi”与副词化成分一起出现时，一般都充当谓语，而“体”的意义主要在其前面的副词化成分中表现。

在例句中，助动词（AUX，auxiliary）“bayi”不能直接附加在一个主动词词干上，只能附加在一个副词化形式后面。如 yabu［-ǰu bayi］-n_a；gilalǰa［-γad bayi］-n_a；ǰoba［-γad bayi］-n_a；sarabčila［-n bayi］-n_a 等。而且从 T′分叉点把 AUX 节点省略后，动词短语依然能与时态成分（T）连接构成合格的句子。如：yongdun gedeg kömün **yabu=n_a**.；niγur čini nige le sayiqan **gilalǰa=n_a**.；**ǰoba=n_a**.；neyite mongγulčud nasi-ban **sarabčila=n_a**. 等。正如清格尔泰教授所述：“体的意义是由‘-JU bayi、-GAD bayi、-GSAGAR bayi’等部分表示的，至于‘bayi’下边的‘-JAI、-NA…’等变化则属于整个动词的变化。”①

有时为了加强语气，在口语中副词化成分和“bayi”中间加入语气词“LA”，表示正在进行体的意义。如：

① 清格尔泰．蒙古语语法［M］．呼和浩特：内蒙古人民出版社，1992：350.

（2） a. ᠲᠡᠳᠡ　ᠢᠨᠢᠶᠡᠵᠦ　ᠯᠡ　ᠪᠠᠶᠢᠨ᠎ᠠ

tede　iniye=**ǰü**　**le**　**bayi**=n_a. ①

PROS

3rd　笑-ADVL　MOOD　在-PRES

他们一直在笑。

b. ᠪᠦᠦ　ᠢᠷᠡ ᠭᠡᠵᠦ　ᠪᠠᠶᠢᠬᠤ ᠳᠤ　ᠢᠷᠡᠭᠡᠳ　ᠯᠡ　ᠪᠠᠶᠢᠨ᠎ᠠ

büü　ir_e ge=ǰü　bayi=qu-du　ire=**ged**　**le**　**bayi**=n_a. ②

PROS

MOOD 来　这样说　在-ADJL-ALL 来-ADVL MOOD 在-PRES

不叫他来，却总来。

例句中的“LA”是口语中出现的情况，所以在使用树状图描写过程中不会增加任何节点。

（二）现代蒙古语可以在动词上重复连接单纯连接副词化成分“-JU、-GAD、-N”等形式，表示体的意义。如：

（3） a. …ᠬᠠᠷᠠᠨ　ᠬᠠᠷᠠᠨ　ᠰᠠᠨᠠᠭ᠎ᠠ　ᠠᠯᠳᠠᠬᠤ

…qara=n　qara=n　sanaγ_a　alda=qu…③

…看-ADVL　看-ADVL　心思　丢-ADJL

看着看着就叹气。（一再进行体）

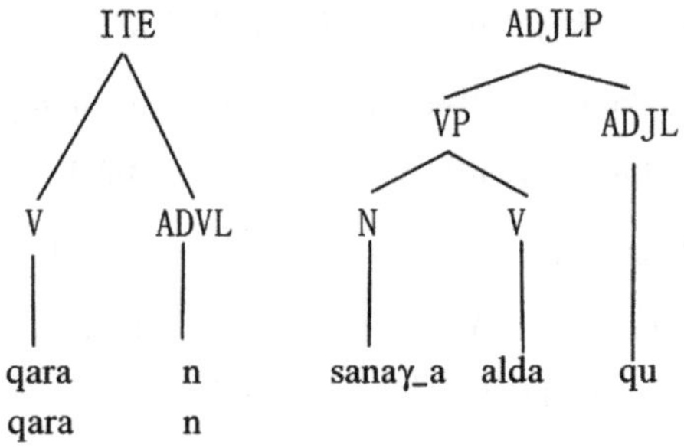

① 哈斯额尔敦等．现代蒙古语（修订本）（蒙古文）［M］．呼和浩特：内蒙古教育出版社，1996：479.

② 清格尔泰．蒙古语语法［M］．呼和浩特：内蒙古人民出版社，1992：324.

③ 布仁特古斯．旷荡的原野［M］．呼和浩特：内蒙古人民出版社，2001：4.

例句用重复动词“qara”连接副词化成分“-n”的形式，表示“一再进行体”的语法意义。“-qu”是另一种蒙古语静词化成分，即形容词化成分，它附加在动词短语“sanaγ_a alda”上组成形容词化短语（ADJLP）“sanaγ_a alda=qu”。这种用法不在本书讨论范围之内，所以这里就不再详细叙述。

b.

kömüs　γaru=γad　γaru=γad　yabu=l_a.[①]

人-PL　出去-ADVL　出去-ADVL　走-PST

人们陆陆续续走出去了。(多次进行体)

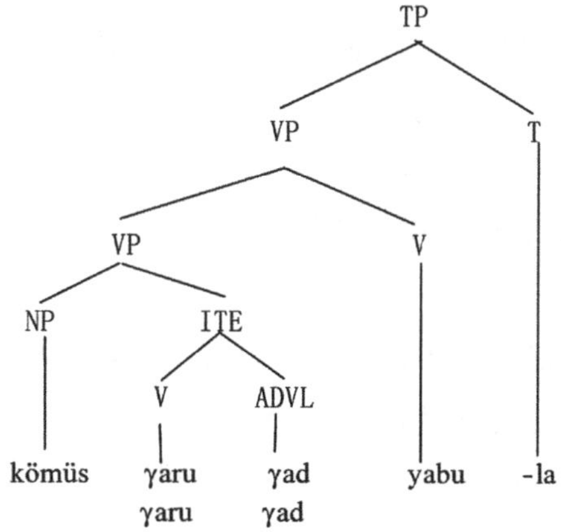

c. ……

…gebečü，qadaγala=ǰu　qadaγala=ǰu，arbila=ǰu　arbila=ǰu

但是　积攒-ADVL　积攒-ADVL　节省-ADVL　节省-ADVL

nige　bayar　qurim　γar=bal　nigemüsün　abu=γad　ǰaručiqa=n_a.[②]

一　喜庆　婚宴　出—ADVL　彻底　拿-ADVL　用-FUT

……但是攒了又攒、省了又省，一旦逢重大日子就全部用光了。(长期持续体)

① 内蒙古大学蒙古学研究所蒙古语文研究所．蒙汉词典［M］．呼和浩特：内蒙古大学出版社，2008：1482.

② 蒙古学百科全书编辑委员会、《语言文字卷》编辑委员会．蒙古学百科全书（语言文字卷）［M］．呼和浩特：内蒙古人民出版社，2004：108.

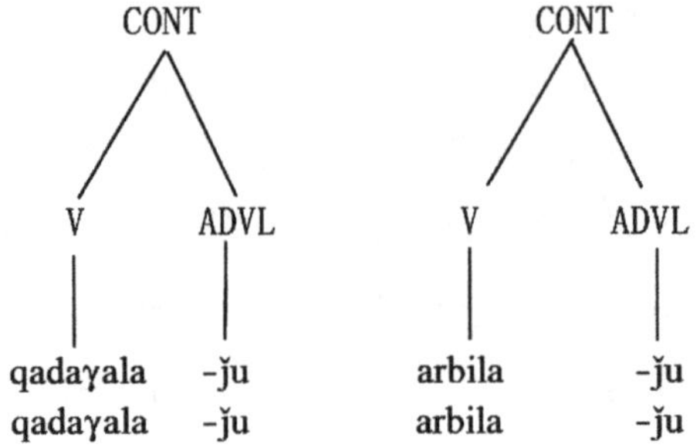

现代蒙古语经常重复使用单纯连接副词化成分“-JU、-GAD、-N”的形式来体现动词的“体”，重复的形式一般都表示重复体或持续体。动词的类似重复，我们认为是一种复制现象，即前一个先与副词化成分 ADVL、T 等成分结合为一体后，后一个复制所形成的情况。①

二、混合连接副词化成分体现“体”

（一）现代蒙古语混合连接副词化成分有“-GSAGAR”一种形式，该形式可以连接普通动词与助动词“bayi”。此时不但“-GSAGAR”本身可以体现“体”的意义，而且还能以“-GSAGAR bayi”的形式表现“体”的意义。其中“bayi”可以按照动词诸形式变化。如：

（4）batu saγu = <u>γsaγar bayi</u> {-n_a / -ba. / -ǰai. / -l_a / ⋮ / ⋮} 巴图一直坐着（延续体　DUR）

混合连接副词化成分连接的“bayi”的诸变化也和单纯连接副词化成分连接“bayi”一样，影响不了“-GSAGAR bayi”形式表现“体”。

现代蒙古语语法中，所谓的副动词附加成分本身体现的“体”，要在这些成

① 力提甫·托乎提．从短语结构到最简方案——阿尔泰语言的句法结构［M］．北京：中央民族大学出版社，2004：87.

分底下的方括号内用大家公认的“体”的名称加以注明。如果“体”的意义还没有确定，就不作任何注释性标记。因为在生成语法框架内，我们已把构成所谓“副动词”的副词化成分都归类到 ADVL 语类里，所以它们所要表达的“体”的意义也在这一框架内进行解释。① 如：

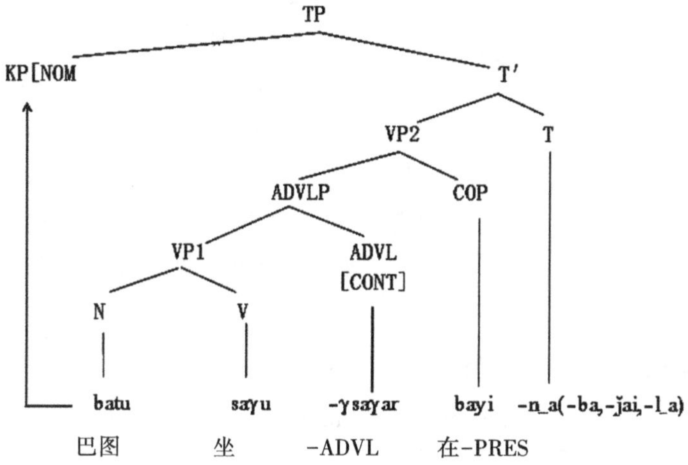

在树状图中，因为副词化成分“-GSAGAR”本身就可以表示一种延续体，所以 ADVLP 框架下，在 ADVL 下面标记延续体［CONT］。这种情况下，助动词“bayi”只能起到其他语言中系动词的作用，“体”的意义主要是其前面副词化成分“-GSAGAR”在表现。

但在现代蒙古语中，将副词化成分“-GSAGAR”与“bayi”结合表现“体”的形式与“-JU、-GAD、-N”与“bayi”结合表现“体”的形式做同样的分析。因为，副词化成分“-GSAGAR”的情况较特殊，“-GSAGAR”形式可以结束句子，但是“-JU、-GAD、-N”形式不能结束句子。当“-GSAGAR”结束句子时，体的意义与时态由“-GSAGAR”独自来承担，但其后面如果出现助动词“bayi”的话，它可以与助动词“bayi”结合的形式来加强延续的意义。从这个角度，它的树状图分析可以和“-JU、-GAD、-N”一样。如：

① 力提甫·托乎提．从短语结构到最简方案——阿尔泰语言的句法结构［M］．北京：中央民族大学出版社，2004：80.

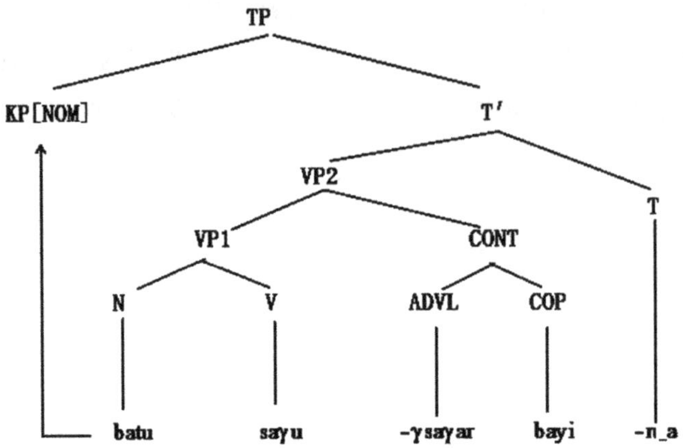

（二）蒙古语可以重复连接混合连接副词化成分的动词的形式，表现延续体或持续体的意义。如：

（5）ᠬᠠᠷᠠᠭᠰᠠᠭᠠᠷ　ᠬᠠᠷᠠᠭᠰᠠᠭᠠᠷ　ᠨᠢᠳᠦ　ᠡᠪᠡᠳᠴᠢᠬᠡᠯᠡ᠃

qara = γsaγar　qara = γsaγar　nidü　ebedčike = l_e.

CONT

看-ADVL　看-ADVL　眼睛　疼了-PST

看着看着眼睛疼了。（持续体）

我们将在同一个动词上重复使用延续副词化成分“-GSAGAR”与重复使用副词化成分“-JU、-GAD、-N”等形式，都视为一种复制现象，即前一个先与ADVL、T等成分结合为一体之后，后一个复制所形成的形式。

三、单纯连接与混合连接副词化成分共同体现“体”

现代蒙古语表现“体”的方式有多种多样，同一个动词上交替使用单纯连接副词化成分（-JU、-GAD、-N）与混合连接副词化成分（-GSAGAR）可以表示继续体和持续体。如：

（6）a. talq_a　tayiǰi　arki = ǰu　arkira = γad　yabu = čiqal_a. ①

CONT

塔拉哈　台吉　吼-ADVL　吼-ADVL　走-PST

塔拉哈台吉吼了又吼，便走了。(继续体)

b. alus　ǰam-i　kögege = ǰü　yabu = n　yabu = γsaγar

PROG

远方　路-ACC　赶-ADVL　走-ADVL　走-ADVL

nige　wang　noyan-u　ordun-du　kür = be. ②

一个　王　老爷-GEN　府-ALL　到-PST

向着远方走了又走，到了一个王爷府。(持续体)

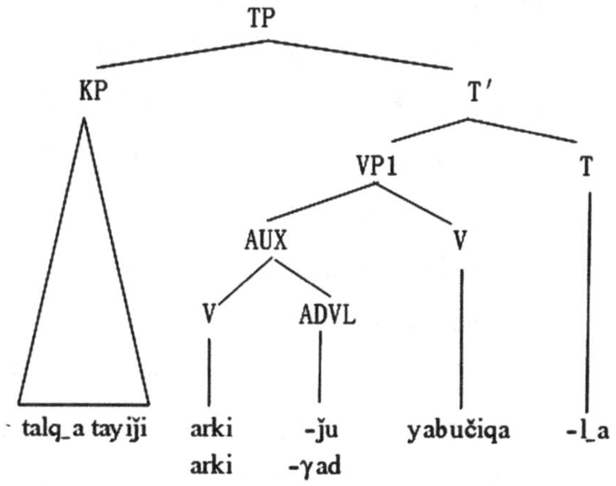

① 布仁特古斯．德力格尔杭盖［M］．北京：民族出版社，1997：67.

② 蒙古学百科全书编辑委员会、《语言文字卷》编辑委员会．蒙古学百科全书（语言文字卷）［M］．呼和浩特：内蒙古人民出版社，2004：107.

四、单纯连接副词化成分连接助动词体现的“体”

蒙古语中有一部分动词，有时失去了自己独立意义，而连接在单纯连接副词化成分后，辅助实义动词表现“体”的意义，这类动词叫做“助动词”。

但是，在蒙古语学界，对于蒙古语有没有助动词，目前还没有一个统一的说法。有的学者，如蒙古国确・罗巴桑扎布认为，蒙古语没有助动词。但中国大多数蒙古语语法书都认为，蒙古语有辅助静词和动词的助动词，如“bayi/存在，bol/可以”；还有只能辅助动词的“ög/给，ab/拿，ir_e/来，oči/去，γar/出去，üǰe/看，ali/给我，yabu/走，alda/失掉，orki/扔掉…”等动词和以“a，bü”为词根的不完全动词。但是，对于只能辅助动词的助动词应该有哪些意见还不统一。①

“a，bü”类不完全动词，如 aǰuγu，amui，asuγai 等，在古代蒙古语以“bayi（存在、具有…）”等意义使用过，但现代蒙古语几乎不使用，故不在本书考虑范围内。至于现代蒙古语有没有助动词的问题，我们认为肯定有，如“bayi，bol”就是典型的助动词。“bayi”作为实义动词时有“存在、具有或停止”等意义，但在“yabu=ǰu bayi=n_a/走着；üǰe=ged bayi=n_a/看着”等用法中，它原有的意义被冲淡，而主要以“ǰu bayi；ged bayi”的形式体现“体”的意义。同样“bol”作为实义动词用时，可以表示“赞成、可以”等意义。但在“ülü bol=o=n_a/不行；yabu=ǰu bol=o=n_a/可以走”等用法中，它也正在失去原有的意义，所以在此情况下可视其为助动词。

蒙古语中这类助动词到底有多少，目前还没有统一的说法。但是蒙古语“bayi=qu/有，ekile=kü/开始，bara=qu/完了，daγus=qu/结束，saγu=qu/坐，yabu=qu/走…”等助动词通过副词化成分与普通动词连接后可以表现“体”的意义是明确的。如：biči=ǰü ekile=kü/开始写（开始体）；üǰe=ǰü bara=qu/看完（完成体）；naγad=u=γad saγu=qu/坐着玩（继续体）等。

本书在生成语法框架内，把蒙古语中由专门的体助动词表达的“体”在

① 蒙古学百科全书编辑委员会、《语言文字卷》编辑委员会．蒙古学百科全书（语言文字卷）[M]．呼和浩特：内蒙古人民出版社，2004：586.

AUX（助词，auxiliary）底下注明。蒙古语中，助动词不能直接连接在一个主动词词干上，只能附加在一个副词化（或形容词化）形式后面。但由于体助动词与其前面主动词的紧密结合，中间出现的副词化成分（ADVL）不再是一个起隔离作用的 SUBS 成分，而成为连接两者的过度成分。因此，它被归到 AUX 的范围里。[1]

助动词“bayi”的具体情况，已在本章第一节的第一和第三部分分别讨论过。所以，以下只分析“bayi”以外的助动词情况。

（一）表示“开始体”的助动词

表示“开始体”的助动词有“ekile=kü/开始”，它有时可以通过单纯连接副词化成分与其他普通动词连接的形式表示“开始体”的意义。如：

（7）

boruγan　oru=ǰu ekile=be.

雨　　　下-INCEP-PST

开始下雨了。(开始体)

句中“oru=ǰu ekile=be”的主要词汇意义由“oru=ǰu（下）”表示，“ekile=be”只辅助动词“oru=ǰu”，增加该动作“oru=ǰu ekile”的语法意义，即“开始体”。这种通过助动词体现的“体”，在树状图中要在 AUX 下面表示。如：

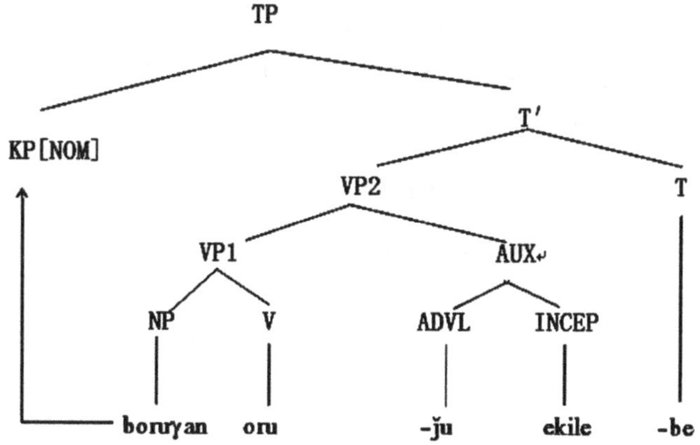

① 力提甫·托乎提．从短语结构到最简方案——阿尔泰语言的句法结构［M］．北京：中央民族大学出版社，2004：83.

“ekile=kü”除了可以“-ǰu ekile”形式表示“开始体”外，还可以用“-γad ekile”等形式表示“开始体”。如：

（8）ᠣᠷᠤᠭᠠᠳ ᠡᠬᠢᠯᠡᠪᠡ

oru=γad ekile=be./开始下了

下-INCEP：PST

ᠦᠵᠡᠭᠡᠳ ᠡᠬᠢᠯᠡᠪᠡ

uje=ged ekile=be./（开始看了）等。

看-INCEP：PST

即使助动词“ekile”可以表示“开始体”的语法意义，但也不能直接连接在动词词干后面，它必须借助前面的副词化成分。如：（7）的“-ǰu”和（8）的“-γad/-ged”。

这里需要注意的是，此时的副词化成分已经完全失去副词化功能，只起连接实义动词和助动词的作用。

（二）表示“结束体”的助动词

表示“结束体”的助动词有“bara=qu/完、daγus=qu/完”等。它们通过单纯连接副词化成分与其他普通动词连接的形式，增加“结束体”的意义。如：

（9）a. ᠪᠢ ᠤᠭᠤᠲᠠ ᠪᠠᠨ ᠣᠶᠣᠭᠠᠳ ᠪᠠᠷᠠᠯ᠎ᠠ

bi uγuta-ban oyo=γad bara=l_a.

1st 口袋-RPOS 缝-TEMR-BOUT

我把口袋缝完了。[①]

b. ᠠᠵᠢᠯ ᠢᠶᠠᠨ ᠬᠢᠵᠦ ᠳᠠᠭᠤᠰᠪᠠ

ajil-iyan ki=ǰü daγus=ba.

工作-GEW 做-TEMR-PST

把工作干完了。

① 清格尔泰．蒙古语语法［M］．呼和浩特：内蒙古人民出版社，1992：352.

例句用树状图可描写为：

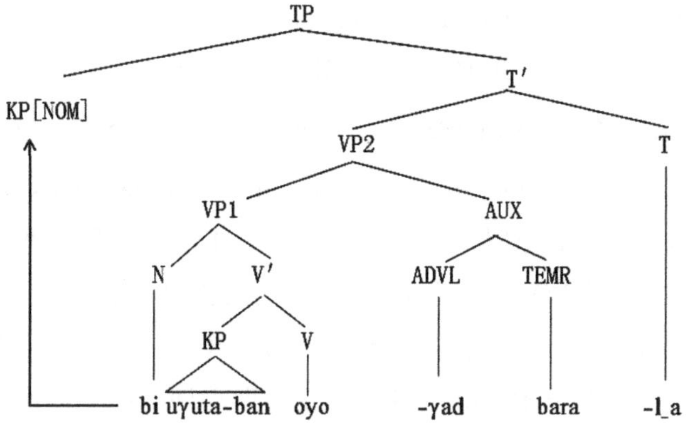

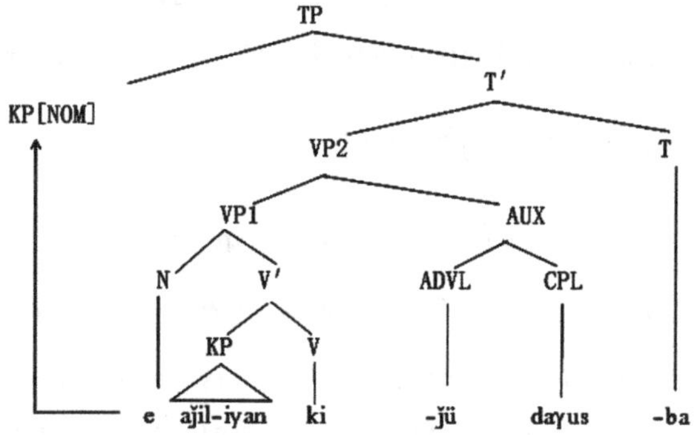

（三）表示“继续体”的助动词

表示“继续体”的助动词有“saγu = qu/坐、yabu = qu/走”等。“saγu = qu, yabu = qu”作为实义动词时，有“坐、走”等意义，但是通过单纯连接副词化成分与其他普通动词连接后，可以增加“继续体”的意义。如：

（10）a.

qosiγu čiγulγan-u nayir-tu olan udaγ_a barildu = ǰu yabu = la.[①]

旗　集会-GEN　盛会-ALL　多　次　摔跤-CONT-BOUT

在盟旗那达慕上多次参加过摔跤比赛。

① 布仁特古斯．旷荡的原野［M］．呼和浩特：内蒙古人民出版社，2001：5.

b. ᠤᠷᠠᠳ ᠤᠨ ᠳᠤᠮᠳᠠᠳᠤ ᠭᠦᠩ ᠦᠨ ᠬᠣᠰᠢᠭᠤᠨ ᠤ ᠳᠡᠯᠭᠡᠷ ᠬᠠᠩᠭᠠᠢ

urad-un dumdadu güng-ün qosiγun-u delger qangγai

乌拉特-GEN 中-GEN 公-GEN 旗-GEN 广阔 杭盖

ᠨᠤᠲᠤᠭ ᠤᠨ ᠳᠡᠯᠢᠭ ᠭᠡᠭᠴᠢ ᠬᠦᠮᠦᠨ ᠲᠠᠢ ᠭᠡᠷᠯᠡᠨ ᠰᠠᠭᠤᠵᠠᠢ

nutuγ-un delig=gegči kömün tai gerle=n saγu=ǰai. ①

故乡-GEN 德力格 叫 人-COMT 结婚-CONT-PST

与一位乌拉特中旗草原上的，叫德力格的人结婚了。

例句中“yabu=qu/走，saγu=qu/坐”，正处于慢慢失去原有意义的状态，辅助其他动词表达一种状态持续的意义。但是，助动词不能直接连接在动词词干上，它们必须借助“-ǰu、-n”等副词化成分与动词词干连接。此时的副词化成分不再有副词化的功能，只起连接动词与助动词“yabu=qu，saγu=qu”的作用。

（四）表示“渐变体”的助动词

表示“渐变体”的助动词有“oči=qu/去、ire=kü/来”等。如：

（11） a. ᠴᠢᠨᠦ ᠬᠡᠯᠡᠵᠦ ᠪᠠᠶᠢᠬᠤ ᠴᠢᠨᠢ ᠲᠠᠭᠠᠷᠠᠵᠤ ᠣᠴᠢᠨ᠎ᠠ

činü kele=ǰü bayi=qu čini taγara=ǰu oči=n_a. ②

2nd 说-ADVL 有-ADJL 2nd 对-CSM-BOUT

和你说的差不多。

b. ᠨᠠᠶᠢᠷ ᠠᠴᠠ ᠡᠮᠦᠨ᠎ᠡ ᠵᠠᠪᠳᠤᠵᠤ ᠢᠷᠡᠨ᠎ᠡ

nayir-ača emün_e ǰabdu=ǰu ire=n_e. ③

盛会-ABL 前 赶-CSM-PRES

赶在那达慕之前回来。

在例句 a 中，动词“oči”已经失去了原本“去”的意义，而是辅助前面动词“taγara/对”，表达“你说的话渐渐接近‘答案’了”这种细腻的语法意义，从而能增加“渐变”的语感。

① 布仁特古斯．旷荡的原野［M］．呼和浩特：内蒙古人民出版社，2001：4.

② 清格尔泰．蒙古语语法［M］．呼和浩特：内蒙古人民出版社，1992：354.

③ 布仁特古斯．旷荡的原野［M］．呼和浩特：内蒙古人民出版社，2001：45.

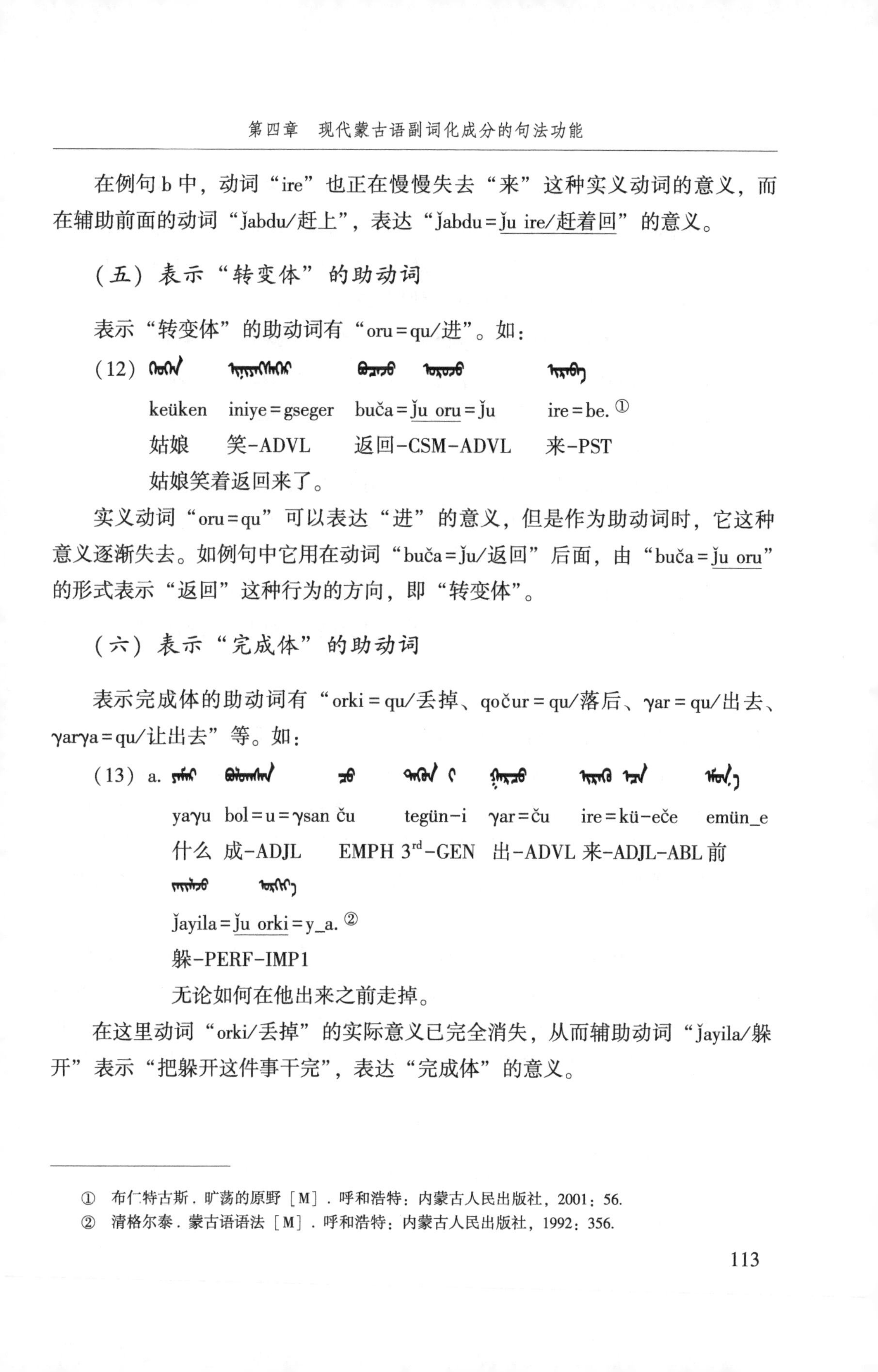

在例句 b 中，动词“ire”也正在慢慢失去“来”这种实义动词的意义，而在辅助前面的动词“ǰabdu/赶上”，表达“ǰabdu = ǰu ire/赶着回”的意义。

（五）表示“转变体”的助动词

表示“转变体”的助动词有“oru = qu/进”。如：

（12）keüken　iniye = gseger　buča = ǰu oru = ǰu　ire = be.①

姑娘　笑-ADVL　返回-CSM-ADVL　来-PST

姑娘笑着返回来了。

实义动词“oru = qu”可以表达“进”的意义，但是作为助动词时，它这种意义逐渐失去。如例句中它用在动词“buča = ǰu/返回”后面，由“buča = ǰu oru”的形式表示“返回”这种行为的方向，即“转变体”。

（六）表示“完成体”的助动词

表示完成体的助动词有“orki = qu/丢掉、qočur = qu/落后、γar = qu/出去、γarγa = qu/让出去”等。如：

（13）a. yaγu　bol = u = γsan　ču　tegün-i　γar = ču　ire = kü-eče　emün_e

什么　成-ADJL　EMPH　3rd-GEN　出-ADVL　来-ADJL-ABL　前

ǰayila = ǰu orki = y_a.②

躲-PERF-IMP1

无论如何在他出来之前走掉。

在这里动词“orki/丢掉”的实际意义已完全消失，从而辅助动词“ǰayila/躲开”表示“把躲开这件事干完”，表达“完成体”的意义。

---

① 布仁特古斯．旷荡的原野［M］．呼和浩特：内蒙古人民出版社，2001：56.

② 清格尔泰．蒙古语语法［M］．呼和浩特：内蒙古人民出版社，1992：356.

b. yongdun "sayin yabu = γarai" ge = ǰü γar dalal = u = n qočur = čai. ①

云敦 好 走-2nd 这样说-ADVL 手 挥-PERF-PST

云敦说着"一路平安"！挥手向他们道别。

c. qurdun qurdun ki = ged γarγa = γsan čini büdügülig bolčiqa = ǰai. ②

快 快 做-PERF-ADJL 2nd 粗糙 成-PST

尽快赶着做完一看，太粗糙了。

上述例句中，副词化成分早已失去其原有的功能，只能看作一个连接成分。它们在长期与体助动词一起使用的过程中，与其前面的主动词分离，与其后面的体助动词合为一体了。当然，有的体助动词还处在过渡阶段，在语音和语义上可能还有些独立性。但是为了保持统一，任何一个失去实义而表示"体"的意义的助动词都可以这么处理。③ 因此，把副词化成分放在 AUX 下与助动词一起处理更加科学、更加合理。

通过分析发现，清格尔泰教授所提到的分析形式体（即单纯连接副词化成分和混合连接副词化成分后连接助动词"bayi"表现的体）与带"体"的形式（-ski，ene kereg-i baiski = ged mede = ye/待会儿再办这件事；-čiqa，-γataqa 等）的"体"，虽然在外部结构上不同，但实际上是非常相近的两种现象。理由有以下两点：首先，包含"体"的后缀的词干在历史进程中也是由分析形式发展而来的；其次，现有的分析形式中，有些形式紧密地结合起来，几乎已经有了词干与后缀的关系。④

总之，现代蒙古语表现"体"的方法有多种多样，本书只分析了副词化成分参与的三种表现"体"的形式。在这里需要注意的是，副词化成分连接普通动词与助动词"bayi"表现的"体"要在 ADVL 下面副词化成分底下标注。此时，"bayi"相当于其他语言的系动词。但是副动词连接普通动词与只能辅助动

① 布仁特古斯．德力格尔杭盖［M］．北京：民族出版社，1997：45.

② 布仁特古斯．旷荡的原野［M］．呼和浩特：内蒙古人民出版社，2001：70.

③ 力提甫·托乎提．从短语结构到最简方案——阿尔泰语言的句法结构［M］．北京：中央民族大学出版社，2004：85.

④ 清格尔泰．蒙古语语法［M］．呼和浩特：内蒙古人民出版社，1992：326.

词的“ög/给，ab/拿，ir_e/来，oči/去，γar/出去，üǰe/看，ali/给我，yabu/走，alda/失掉，orki/扔掉…”等动词表现体时，由于这些辅助动词的动词不能直接与其前面的主动词连用，所以中间需要副词化成分连接。此时，中间出现的副词化成分不再是一个起隔离作用的静词化成分，而是连接两者的过渡成分。这时我们要把它在 AUX 底下标注出来，做句法分析时特别要注意将副词化成分的这些表现“体”的功能与构成副词化短语的功能区别开来研究。此外，副词化成分本身表现的体，在副词化短语副词化成分下面做标注即可。

第二节　副词化成分连接实义动词与能动词

现代蒙古语助动词可以分为基本助动词（如：bayi，ekile，yabu，saγu…）和表示情态意义的能动词（如：bol=qu，čida=qu，mede=kü，yada=qu）两种。在本小节里，主要分析副词化成分连接普通动词与能动词的情况。能动词首先是动词，而且不同于行为动词，行为动词表示的是行为或动作（如写，读，跑等），而能动词只表达一种想法（如能，也许，敢等）。因此，能动词本身有一定的词义，通过副词化成分与其他普通动词连接后，可以表示说话人的情绪、态度或语气，所以有时也称其为“情态动词”。

现代蒙古语常用的能动词有“bol=qu，mede=kU，čida=qu，yabu=qu…”等。

一、“bol=qu”

“bol=qu”作为实义动词时，具有“成为、可以、行、可能…”等意义，但是作为能动词时，它则通过副词化成分与普通动词连接的形式，表达该动作的“可能、可以、行”等同意该动作的情态意义。如：

（14）

či　odu　yabu=<u>**ǰu**　**bol**</u>=u=n_a.①

2nd　现在　走-MODAL-FUT

① 清格尔泰．蒙古语语法［M］．呼和浩特：内蒙古人民出版社，1992：357.

你现在可以走了。

在例句中副词化成分失去其副词化功能，而只起连接动词“yabu”与能动词“bol=u=n_a”的作用。副词化成分“-ǰu”连接动词“yabu”与能动词“bol=u=n_a”后，“-ǰu bol”这个部分表达“可能、可以…”等情态意义，因为其他任何普通动词后面连接“-ǰu bol”都可以表示“可能、可以…”等情态意义。如：

（15）a. ᠦᠵᠡᠵᠦ ᠪᠣᠯᠤᠨ᠎ᠠ

üǰe=**ǰü** **bol**=u=n_a.／可以看

看——MODAL-FUT

b. ᠨᠠᠭᠠᠳᠤᠵᠤ ᠪᠣᠯᠤᠨ᠎ᠠ

naγad=u=**ǰu** **bol**=u=n_a.／可以玩

玩——MODAL-FUT

c. ᠢᠳᠡᠵᠦ ᠪᠣᠯᠤᠨ᠎ᠠ

ide=**ǰü** **bol**=u=n_a.／可以吃

吃——MODAL-FUT

d. ᠪᠢᠴᠢᠵᠦ ᠪᠣᠯᠤᠨ᠎ᠠ

biči=**ǰü** **bol**=u=n_a.／可以写

写——MODAL-FUT

类似情况的树形图描写如下：

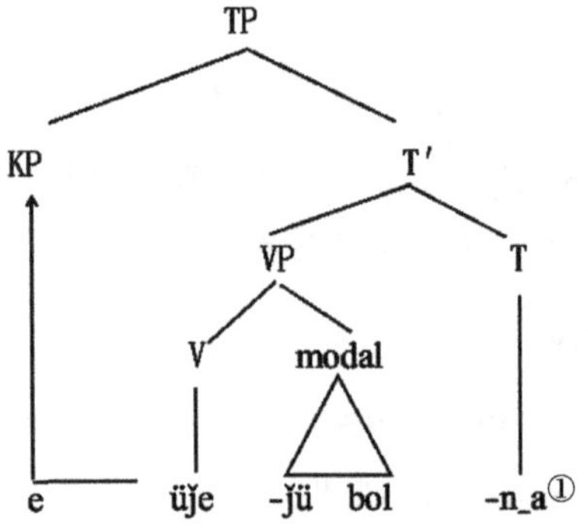

① MODAL表示情态，这里是为了描写方便，而并不是新增加的语类。

e	. naγad	**–ču**	**bol**	–n_a
e	ide	**–ǰu**	**bol**	–n_a
e	bičí	**–ǰu**	**bol**	–n_a
空语类	看/玩/吃/写		可以	时态

“bol=qu”的否定形式可以在其后加否定助词“ügei”，或在其前加“ülü”来表示。如：

（16）a. 

asaγu=ǰu bol=qu **ügei**. /不能问

问-MODAL-ADJL-NEG

b. 

ki=ǰü **ülü** bol=qu. /不能做

做—MODAL-NEG-ADJL

总之，能动词“bol=qu”的情态意义是借助“副词化成分+能动词”的形式表现的，而不是能动词独自能够表达的，至于能动词词尾的各种形态变化（如：bol=qu，bol=daγ，bol=ba，bol=jai 等）不会影响情态意义的表达。

二、“mede=kü”

“mede=kü”作为实义动词具有“知道”的意义，但是作为能动词时它可以通过副词化成分与普通动词连接表达“有可能”的情态意义。如：

（17）

marγasi　boruγan　oru=**ǰu**　**mede**=n_e.

明天　雨　下-MODAL-FUT

明天有可能下雨。

“mede=kü”在“bi mede=kü/我知道；teüke mede=kü/知道历史”等场合表达“知道”的意义，但在例（17）的情况下，“mede=kü”已经失去了“知道”的意义，而以与副词化成分连接的形式表达“有可能”的意义，也就是“有可能下雨”。即，marγasi boruγan oru=［–ǰu mede／可能］=n_e。用树状图可以描写如下：

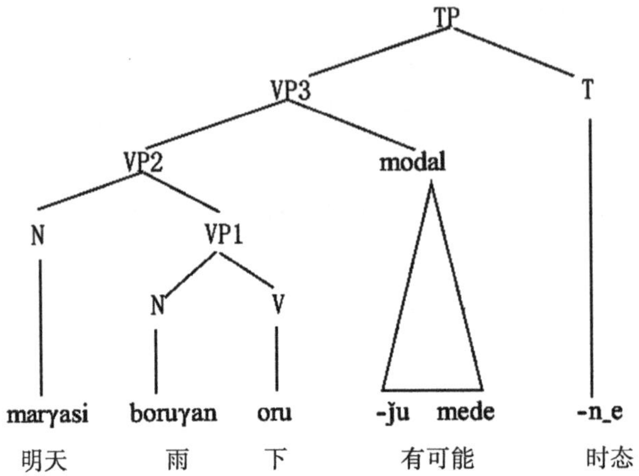

三、“čida=qu”

“čida=qu”主要作为能动词使用，它常常通过副词化成分与普通动词连接的形式，表示该动作的“可能、会”等情态意义。如：

(18) ᠪᠢ ᠠᠩᠭ᠍ᠯᠢ ᠬᠡᠯᠡ ᠪᠡᠷ ᠶᠠᠷᠢᠵᠤ ᠴᠢᠳᠠᠨ᠎ᠠ

bi anggli kele-ber yari=**ǰu** **čida**=n_a.

1st 英国 语言-INSTR 说-MODAL-PRES

我会说英语。

副词化成分“-ǰu”，连接动词“yari”和“čida”，形成“-ǰu čida”结构，“-ǰu čida”整体在表达“会”的意义。

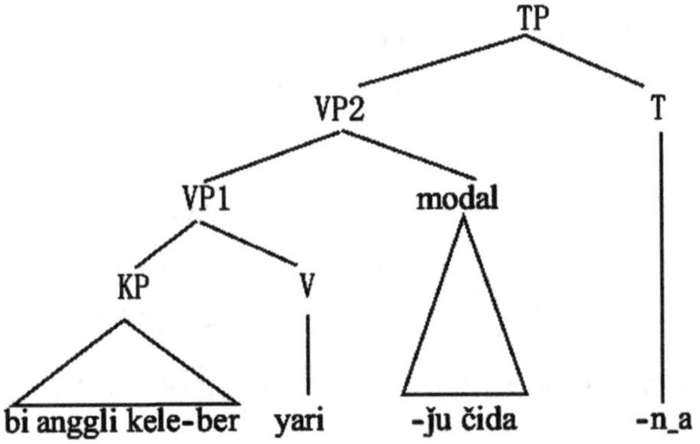

该意义的否定形式为：bi anggli kele-ber yari=ǰu cida=qu **ügei**.（我不会说英语）或 bi anggli kele-ber yari=ǰu **ülü** čida=n_a.（我不会说英语）。

四、“yada=qu”

“yada=qu”作为实义动词可以表达“累”的意义，如“bey_e yada=qu/身体累”，但是它有时可以作为能动词使用。此时，通过副词化成分与其他普通动词连接的形式表达“不会、不能”等意义。如：

（19）ᠪᠢ　ᠲᠡᠷᠡ　ᠦᠭᠡ ᠶᠢ　ᠬᠡᠯᠡᠵᠦ　ᠶᠠᠳᠠᠨ᠎ᠠ

bi　tere　üge-yi　kele=ǰü　yada=n_a.

1st　那个　话-ACC　说-MODAL-PRES

那种话我说不出口。①

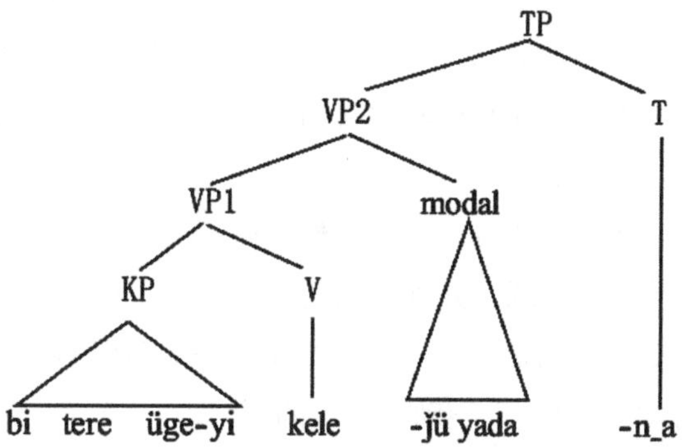

总之，现代蒙古语副词化成分具有连接普通动词与能动词的作用。虽然本书所举例句都是并列副词化成分连接普通动词与能动词的情况，其实其他副词化成分也可以连接普通动词与能动词。如：“üǰe=gseger čida=n_a/看了就会；yabu=baču bol=u=n_a/走也可以”等。所以，我们应该把副词化成分的这种连接功能与副词化成分的其他功能区别开来研究，从而有助于句法描写更加详细和更加准确。

① 清格尔泰．蒙古语语法［M］．呼和浩特：内蒙古人民出版社，1992：361.

第三节　副词化成分连接构成的复合动词

以上主要讨论了现代蒙古语单纯连接副词化成分和混合连接副词化成分有时失去副词化功能，只起到连接作用，再通过连接来体现“体”的情况。本小节要讨论通过单纯连接副词化成分和混合连接副词化成分连接两个普通动词，构成复合动词的现象。复合动词是指两个动词结合成为一体，表达一种概念的现象，复合动词是形成词汇的重要组成部分。生成语法框架下复合动词用 CV（即 Compound verb）表示，在括号描写或树状图中都作标记。

现代蒙古语中有通过两个词表达一种概念的情况，也就是以词组方式构成复合词。这种构词法早就存在于蒙古语中，随着新鲜事物不断涌现，词组构词法也得到了不断的发展。最近有关政治、经济、教育、科学、网络等领域的新名词和一些表示名称的词，大部分都用复合词的形式来表达。复合动词就是由两个动词组成的词组，复合动词在长期使用过程中成为一个整体，即固定词组，两者之间不能插入其他成分。因此，在句中复合动词也是一个整体，其词形变化由后边动词的词形变化决定。

复合动词按照其构成方式可以分为并列关系复合动词、状述关系复合动词和辅助关系复合动词等三种形式。并列关系复合动词一般由反义词、相关词和近义词组成；状述关系复合动词是前一个动词修饰后一个动词的关系；辅助关系复合动词[①]则是后边动词是一种辅助性动词构成的词组。

一、并列关系复合动词

通过单纯连接副词化成分连接近义动词、反义动词或相关动词可以构成并列关系复合动词。如：

（一）近义词构成的复合动词

a. yaγara = ǰu sandur = ču/匆忙、asaγu = ǰu suraγla = ǰu/打听、tani = ǰu mede =

① 嘎日迪．现代蒙古语（蒙文）［M］．呼和浩特：内蒙古教育出版社，2001：494.

ǰü/认知、nuqu=ǰu elde=ǰü/蹂躏、keble=ǰü neyitele=ǰü/出版发行、tarqaγa=ǰu tügege=ǰü/发放、ayu=ǰu emiye=ǰü/害怕、salγad sarni=γad/分散、sönü=ged mökü=ged/消亡、kele=ged ǰaki=γad/嘱咐、aki=n daki=n/反复、ergi=n körbe=n/翻来覆去、sana=γsaγar bodu=γsaγar/想念等。

b. küürni=n kele=ged/陈述、uγtu=n tos=u=γad/迎接、sana=ǰu bodu=γad/怀念、qari=ǰu buča=γad/返回、tani=ǰu mede=gseger/认识、daki=n dabta=γsaγar/反反复复、yaγara=ǰu sandur=qu/忙来忙去；tani=ǰu med=kü/认识、nayirla=n naγad=u=γad/联欢、nargi=n toγla=γad/玩耍、una=ǰu tus=qu/跌跌撞撞、maγta=ǰu sayisiya=qu/称赞等。

近义词构成的复合动词有两种情况，一是 yaγara=ǰu sandur=ču/匆忙；tani=ǰu mede=ǰu/认识；sal=u=γad sarni=γad/分散；aki=n daki=n/反复等复合动词，还可以以 yaγara=γsaγar sandur=u=γsaγar/匆匆忙忙；tani=γsaγar mede=gseger/认识；sal=ǰu sarni=qu/分散；aki=γad daki=γad/反反复复等形式构成复合动词，此类复合动词的组合形式比较灵活，不只限于一种形式，而且两个动词附加同一种副词化成分，比较有规律。第二种情况是，这些构成近义复合动词的两个动词还可以连接不相同的附加成分构成复合动词。如 b 组的 küürni=n kele=ged/陈述；sana=ǰu bodu=γad/想念；tani=ǰu mede=gseger/认识；daki=n dabta=γsaγar/反反复复；yaγara=ǰu sandur=qu/匆忙等等。

近义词组成的复合动词，不论是叠加同样的副词化成分构成的，还是叠加不一样的副词化成分构成的，它们当中只有两个动词中间的副词化成分是起连接作用的；第二个动词后面的副词化成分（如 -JU，-GAD，-N，-GSAGAR）或其他成分（如形容词化成分-KU 等）仍保持着其静词化功能。如：

复合动词“yaγara=ǰu sandur=ču/匆忙”中，动词“yaγara”后面的副词化成分“-ǰu”已经失去副词化功能，只起到连接“yaγara 与 sandur”的作用，而第二个动词“sandur”后面的“-ču”还保持着其副词化功能。如：

(20) ᠪᠠᠲᠤ　ᠶᠠᠭᠠᠷᠠᠵᠤ　ᠰᠠᠨᠳᠤᠷᠴᠤ　ᠪᠢᠴᠢᠪᠡ

batu　yaγara=ǰu　sandur=ču　biči=be.

巴图　匆匆忙忙-ADVL　写-PST

巴图匆匆忙忙地写了。

该句可以用括号描写法描写为：

a. [$_{\text{N}}$ batu] [$_{\text{(CV)}}$① yaγara=ǰu sandur] [$_{\text{ADVL}}$–ču] [$_{\text{V}}$ biči] [$_{\text{T}}$–be]

b. [$_{\text{(CVP)}}$② batu yaγara=ǰu sandur] [$_{\text{ADVL}}$–ču] [$_{\text{V}}$ bici] [$_{\text{T}}$–be]

c. [$_{\text{ADVLP}}$ [$_{\text{(CVP)}}$ batu yaγara=ǰu sandur] [$_{\text{ADVL}}$–ču]] [$_{\text{V}}$ biči] [$_{\text{T}}$–be]

d. [$_{\text{VP}}$ [$_{\text{ADVLP}}$ batu yaγara=ǰu sandur=ču] [$_{\text{V}}$ biči]] [$_{\text{T}}$–be]

e. [$_{\text{TP}}$ [$_{\text{VP}}$ batu yaγara=ǰu sandur=ču biči] [$_{\text{T}}$–be]]

“yaγara” 与 “sandur” 通过 “–ǰu” 连接后成为复合动词，所以在句子中可以看作是一个单词。但是 “yaγara=ǰu sandur” 后加 “–ču” 后可以修饰该句谓语 “biči=be”，也就是说 “–ču” 在这里还是保持着副词化功能，和前面的 “–ǰu” 的功能要区别开来分析。

再如 “aki=n daki=n/反复”，我们可以说 “sečen aki=n daki=n asaγu=ba./斯琴反复问了”。同样，例句中 “aki=n daki=n” 的第一个 “–n”，连接 “aki 和 daki” 形成复合动词，第二个 “–n”，附加在 “aki=n daki” 后面，将 “aki=n daki” 副词化，从而修饰谓语 “asaγu=ba”。树状图中可以体现为：

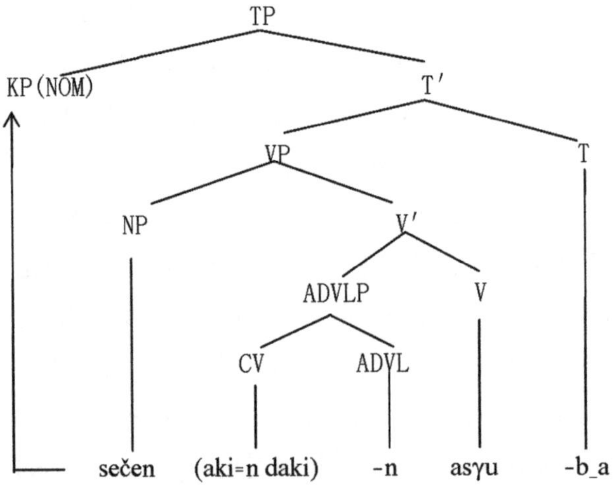

① 虽然复合动词用 CV 表示，但是它毕竟不是和其他语类（如 N，V，A 等）等同的语类，所以给它加上了括号。

② 因为复合动词已经用 CV 表示，所以复合动词构成的短语用 CVP 表示。

以上分析了两个动词相加同样的附加成分①的情况，但是近义词组成的复合动词还有“una＝ǰu tus＝qu/跌跌撞撞、maγta＝ǰu sayisiya＝qu/称赞”等两个动词附加不同成分的情况。在这类复合动词中，前面的附加成分“-ǰu”与我们上面分析的连接两个动词的副词化成分一样，只起连接作用；但是第二个附加成分“-qu”是蒙古语静词化成分的另一种，即形容词化成分。前面的动词短语附加形容词化成分可以构成形容词化短语，“-qu”形容词化短语后面加助动词可以结束句子，也可以修饰名词。如：

soγtuγu　kömün　alqu＝bal　una＝ǰu dus＝qu　yum.

醉汉　人　走路-ADVL　跌跌撞撞-ADVL　DECL

醉汉走起路来跌跌撞撞的。

dorǰi-yi　maγta＝ǰu　sayisiya＝qu　kömün　ügei.

道尔吉-ACC　称赞-ADVL　人　NEG

没人会称赞道尔吉。

（二）反义词构成的复合动词

反义词构成的复合动词有：oro＝ǰu γar＝ču/进出、ire＝ǰü oči＝ǰu/来去、saγu＝ǰu bos＝ču/坐立、ab＝ču ög＝čü/拿给、bari＝ǰu talbi＝ǰu/抓放、sal＝u＝γad neyile＝ged 离合、mandu＝γad baγura＝γad/兴衰、mandu＝γsaγar sönü＝gseger/兴亡、ükü＝ǰü seke＝kü/死和醒、oru＝ǰu γar＝qu/进出、ire＝ǰü oči＝qu/来去等等。

反义词构成的复合动词也有两种情况，有“oro＝ǰu γar＝ču/进出，ire＝ǰü oči＝ǰu/来去，sal＝u＝γad neyile＝ged/离合，mandu＝γsaγar sönü＝gseger/兴亡”等，两个动词加同一个附加成分的有规律的复合动词；也有“ükü＝ǰü seke＝kü/死和醒，oro＝ǰu γar＝qu/进出”等，前一个动词和后一个动词连接不同的附加成分构成的复合动词。有规律的一组还可以有其他的规律性变化，如 oro＝saγar γaru＝saγar/进进出出，ire＝gseger oči＝γsaγar/来来去去，sal＝ǰu neyile＝ǰü/离离合合

① 因为复合动词中加在前一个动词后面的成分（比如-JU）只有连接作用，后一个有副词化功能，两个附加的成分虽然有同样的形式但是功能不一样，所以统称其为附加成分。

等；也有两个动词连接不同的附加成分的形式，如 mandu = ǰu sönü = kü/兴亡等。不管是哪一种组合，构成复合动词的两个动词必须是反义词。

反义词构成的复合动词，在树状图中的处理和近义词构成的复合动词一样。如：

(21) 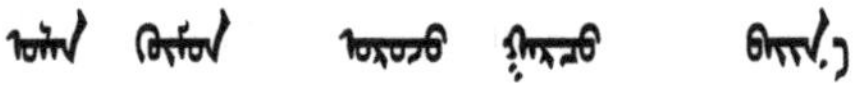

olan kömün oru = ǰu γar = ču bayi = n_a.

多 人 出-ADVL 在-PRES

很多人在进进出出。

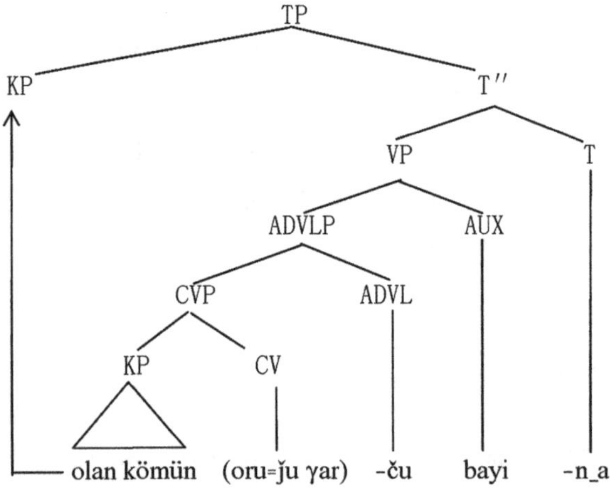

（三）相关词构成的复合动词

相关词构成的复合动词有：emüs = kü ǰegü = kü/穿戴、yabu = ǰu saγu = qu/走动、ide = ǰü uuγu = qu/吃喝、ükü = ǰü una = qu/死亡、bos = u = n qarayi = n/跳起、yada = n čida = n/难以、ükü = n qata = n/枯死等。

组成相关词复合动词的动词之间有一定的关联，如“emüs = kü 和ǰegü = kü/穿戴”组合起来表示“穿衣服戴帽子”的意思；“ide = ǰü 和 uuγu = qu/吃喝”组合起来表示“吃饭喝水”的意思。但是相关词构成的复合动词与近义词构成的复合动词和反义词构成的复合动词之间的界限有时很难分清楚，如“emüs = kü ǰegü = kü /穿戴”，我们可以解释为近义词，因为在蒙古语中衣服和帽子都可以说“emüs = kü 即 qubčasu emüs = kü/穿衣服，malaγai emüs = kü/戴帽子”；“ide = ǰü uuγu=qu”，我们可以解释为“吃与喝”，是反义词；“yabu=ǰu saγu=qu/走走坐坐”也一样可以解释为“不走就是坐”，也是反义词。但是详细分析后发现，这些解释很勉强，因为我们可以给这些词找到更合适的近义词或反义词，如“emüs=kü 和 qubčala=qu”的意义比“emüs=kü 和ǰegü=kü”更相近，因为“emüs=kü 和 qubčala=qu”只能用于“穿衣服”，而“ǰegü=kü”有时可以指“戴帽子、戴胸针”；再如“yabu=qu 和 ire=kü”比“yabu=ǰu saγu=qu”更适合当反义词。

因此，本书把相关词构成的复合动词从近义词和反义词构成的复合动词中分离出来。[①]在树状图中，相近词构成的复合动词也应该以和上述两种复合动词一样的方式表示。

二、状述关系复合动词

单纯连接副词化成分或制约连接副词化成分连接两个动词可以构成状述关系复合动词。状述关系复合动词的前面动词修饰后面的动词。如：sigür=ü=n tos=u=γad/攫取、daγuriya=n elegle=ged/效仿取笑、ükü=n barimtala=qu/顽固地坚持、üsür=tel_e čoki=qu/打得跳起来、ǰokiya=n bayiγul=qu/组织、dobtol=o=n oru=qu/闯进、oru=ǰu ög=kü/投降、egüdü=n bütüge=kü/创造、kina=n bayičaγa=qu/检查等。

状述关系复合动词与并列关系复合动词不同，构成状述关系复合动词的两个动词之间有限定与被限定的关系。如复合动词“üsür=tel_e čoki=qu/痛打”中，“üsür=tel_e/使跳起来”可以限定“čoki=qu/打”的程度，“打得并不轻而很重，被打得都跳起来了”；再如，复合动词“ükü=n barimtala=qu/顽固地坚持”中，“ükü=n/顽固地”表示“barimtala=qu/坚持”的程度。

尽管状述关系复合动词的内部关系与并列关系复合动词的内部关系有区别，但是连接第一个动词后面的附加成分的作用是一样的，它们都失去了副词化功能，只有连接作用。如：

---

① 蒙古学百科全书编辑委员会、《语言文字卷》编辑委员会．蒙古学百科全书（语言文字卷）[M]．呼和浩特：内蒙古人民出版社，2004：99.

（22）ᠪᠠᠲᠤ ᠬᠤᠯᠠᠭᠠᠶᠢᠴᠢ ᠶᠢ ᠦᠰᠦᠷᠦᠲᠡᠯᠡ ᠴᠣᠬᠢᠵᠠᠢ

batu qulaγayiči-yi üsür=tel_e čoki=ǰai.

巴图 小偷-ACC 跳起来-ADVL 打-PST

巴图把小偷痛打了一顿。

树状图中可以体现为：

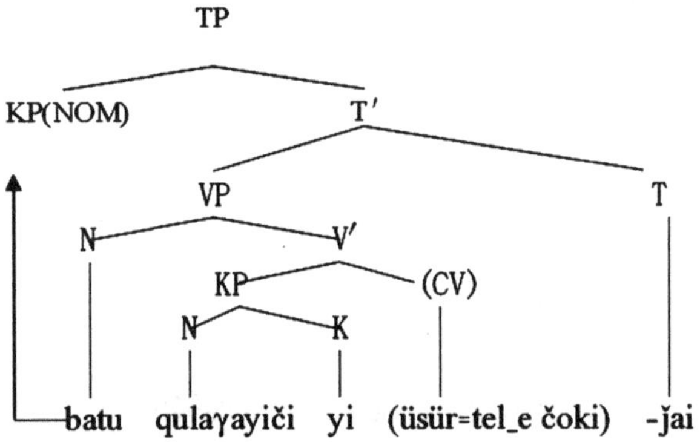

三、辅助关系复合动词①

辅助关系复合动词是指动词后面通过单纯连接副词化成分连接辅助关系的动词构成的复合动词。两个动词之间，后面的动词辅助前一个动词，在这一点上它也与其他复合动词不同。其他复合动词都是第二个动词也就是后面的动词是主要的，但是辅助关系复合动词中第一个动词，即前面的动词是主要动词。如：öngküri=ǰü düngküri=ǰü/打滚、aturi=ǰu ütüri=ǰü/皱皱巴巴、önggelǰe=ǰü dönggelǰe=ǰü/频频俯瞰、uγsara=ǰu suγsura=ǰu/狂妄、sengde=n mengde=n/慌张、aγakila=n uγukila=n/气喘吁吁等。

在辅助关系复合动词中，两个动词之间的副词化附加成分只起连接作用。如："öngküri=ǰü düngküri=ǰü/打滚" 中的第一个动词后加的 "-ǰu"，是连接 "öngküri 与 döngküri" 的连接成分。

这些复合动词可以看成一个词，用括弧式描写为：

① 嘎日迪．现代蒙古语（蒙文）［M］．呼和浩特：内蒙古教育出版社，2001：495.

[$_{ADVLP}$ [$_{(CVP)}$ e öngküri=ǰü düngküri] [$_{ADVL}$-ǰü]]

[$_{ADVLP}$ [$_{(CVP)}$ e uγsara=ǰu suγsura] [$_{ADVL}$-ǰu]]

[$_{ADVLP}$ [$_{(CVP)}$ sengde=n mengde] [$_{ADVL}$-n]]

[$_{ADVLP}$ [$_{(CVP)}$ aγakila=n uγukila] [$_{ADVL}$-n]] 等。

总之，现代蒙古语副词化成分的句法功能可总结如下：

一、单纯连接副词化成分与混合连接副词化成分可以连接助动词“bayi”，由“副词化成分+bayi”的形式表示各种“体”的意义。

二、蒙古语可以重复连接单纯连接副词化成分或混合连接副词化成分的动词表现“体”的意义。我们认为，这种重复形式是后一个复制前一个所形成的。

三、蒙古语中由专门的体助动词表达的“体”在 AUX（auxiliary）下与单纯连接副词化成分一同注明。

四、副词化成分可以连接 bol=qu，čida=qu，mede=kü，yada=qu 等能动词，表示情态意义。

五、副词化成分有时连接两个实义动词使其成为一体，构成复合动词。在生成语法框架内，复合动词用 CV 表示，在句法中与单个动词一样处理。

第五章　现代蒙古语副词化短语的相关句法问题

本章重点讨论副词化短语相关的句法问题，包括副词化短语有没有自己的主语，若主语位置是空的话怎么处理，副词化短语内是否可以出现句子以及副词化短语本身在句中主要承担的角色等问题。

第一节　副词化短语包含的 VP

生成语法语类规则规定，一个短语必须有核心语类，而且该短语就以这个核心语类命名。如名词短语的核心语类是名词语类，动词短语的核心语类是动词语类等。本书所讨论的副词化短语的核心语类是副词化成分。

我们通过对副词化成分所构成的副词化短语句法结构的分析发现，副词化短语必须由动词短语与副词化成分合并后才能形成。也就是说，副词化短语内部包含一个动词短语 VP，有时这个短语的主语会省略，此时我们用空语类来代替，或者根据上下文可以恢复主语。

一、传统语法的状语成分句

现代蒙古语语法认为，蒙古语有成分句，但是学者们的观点不尽相同。清格尔泰教授在《蒙古语语法》一书中认为，“如果句子里只有一个主语谓语结构，称之为单纯句，如果除了一个主语、谓语结构外，还包含其他的体述结构，则称之为包孕句。包孕句中的体述关系词组起一种句子成分的作用，因此把它叫做成分句。包孕句中可以有一个成分句，也可以有几个成分句。成分句可以有各种不同的功能。有主语成分句（体语成分句）、谓语成分句（述语成分句）、定语成分句、宾语成分句、状语成分句等。这些成分句既可以是句子整体的一个成分，也可以是某个词组的一个成分。”① 哈斯额尔敦等人在《现代蒙古语》一书中提出：“作为复合句的成员参加的成分叫做成分句。”②嘎日迪在《现代蒙古语》中认为：“在复合句中作为组成部分参加的成分叫做成分句。”③

如上所述，现代蒙古语语法一致认为蒙古语有成分句，而且包含副动词的成分句主要充当句子的状语成分句。状语成分句和简单句中状语成分的句法功能基本一样，即可以说明主句行为进行的性质、数量、方式方法、时间、地点、原因目的、情况条件等内容。包含副动词的状语成分句主要表示主句行为进行的各种条件情况、时间和原因等内容。如：

（1）

čimayi　yabu=γad　ire=tel_e　bide　ende　küliye=ǰü　bayi=y_a④.

2nd-ACC　走-ADVL　来-ADVL　1st　这里　等-ADVL　在-IMP1

我们在这里等你回来。

包含副词化短语的句子成分描写为：

[ADVLP [ADVLP čimayi yabu=γad] ire=tel_e]　bide ende küliye=ǰü bayi=y_a.

到你返回来为止　　我们在这里等着

表时间的状语成分句

（2）

genedte emün_e-eče nigen ǰurbus toγusu degde=n，olan morid-un tübergen

突然　前方-ABL　一个 缕　灰　升-ADVL 多　马-GEN　蹄声

① 清格尔泰．蒙古语语法［M］．呼和浩特：内蒙古人民出版社，1992：551.

② 哈斯额尔敦等．现代蒙古语（修订本）（蒙文）［M］．呼和浩特：内蒙古教育出版社，1996：736.

③ 嘎日迪．现代蒙古语（蒙文）［M］．呼和浩特：内蒙古教育出版社，2001：604.

④ 清格尔泰．蒙古语语法［M］．呼和浩特：内蒙古人民出版社，1992：555.

sonusda=ba. ①

听见=PST

突然前方起了一缕灰尘，听到了很多马的马蹄声。

包含副词化短语的句子成分描写为：

[genedte emün_e-eče nigen ǰurbus toγusu degde=n], olan morid-un tübergen

突然前方起了一缕灰尘，　　　　听到了很多马的马蹄声。

表示情况条件的状语成分句

sonusda=ba.

(3) [abu ni keüked-ün-iyen daγara=ǰu bayi=qu-yi üǰe=ged] γadar

父亲 3rd 孩子-GEN 冷-ADVL 在-ADJL-ACC 看-ADVL 外

debel-iyen tayil=ǰu emüske=n_e. ②

衣服-GEN 脱-ADVL 穿-PRES

父亲看孩子冷，就把外套脱下来给孩子穿上。

“abu ni keüked-ün-iyen daγara=ǰu bayi=qu-yi üǰe=ged”是表示原因的状语成分句。

复合句也可以包含一个以上多个有“副动词”的状语成分句。如：

(4) [nige söni genedte küiten urusqal nölögele=n ire=ged], salkin sirügüs=ü=n

一个 晚上 突然 寒 流 影响-ADVL 来-ADVL 风 刮-ADVL

času yeked=čü, aγur amisqul masi küiten bol=ba. ③

雪 变大-ADVL 气候 非常 冷 成-PST

① 哈斯额尔敦等．现代蒙古语（修订本）（蒙文）[M]．呼和浩特：内蒙古教育出版社，1996：742.

② 清格尔泰．蒙古语语法［M］．呼和浩特：内蒙古人民出版社，1992：563.

③ 清格尔泰．蒙古语语法［M］．呼和浩特：内蒙古人民出版社，1992：565.

一天晚上突然寒流来袭，风力加剧，雪变大，气候变得非常冷。

该例句包含“nige söni genedte küiten urusqal nölögele=n ire=ged/一天晚上突然寒流来袭（表示原因的状语成分句）”“salkin sirügüs=ü=n/风力加剧（表示状况的状语成分句）”和“času yeked=čü/雪变大（表示状况的状语成分句）”三个状语成分句，这种状语成分句理论上可以无限多，但在实际运用过程中，较少出现过于复杂的情况。

总之，现代蒙古语语法不但一致认为蒙古语有成分句存在，而且也承认包含副动词的成分句在复合句或包孕句中主要承担状语成分。但是，另一方面也不难发现这种说法存在着理论上的矛盾。如现代蒙古语语法对句子的定义是：“句子是人们在交际中使用的最小的完整的语言单位。”① 也就是说没有比句子再小的完整语言单位了。可是另一方面又把句子分为“单纯句和包孕句，包孕句里面可以有一个成分句也可以有几个成分句。”② 这样看来，难道“成分句”是比句子还要小的语言单位吗？如果是，那么这种解释是不是和句子的定义之间出现了矛盾？如果不是，这个“成分句”又怎么解释？从字面意义上看，“成分句”毕竟也是一种句子。

其实，现代蒙古语语法也发现了成分句和句子之间的不同。清格尔泰教授在《蒙古语语法》中指出，“成分句除了在体述关系方面与句子主语、谓语的关系相似以外，无论在功能方面或在体语、述语的形态以及语调等方面都与主语、谓语有所不同。”③ 即成分句和句子是有区别的，所以称其为“某某句子”欠妥，句子里面不能再出现句子，只允许有词或词组。经过本书前几章的分析，我们已经把这种包含副动词的状语成分句，称为某某副词化短语。副词化短语形成后，它可以跟副词一样修饰动词或其他动词短语。

不再把状语成分句称为“句子”，而作为“副词化短语”处理后，可以更好地解决以下几个问题。一是不会再出现句子里面还出现句子的情况，也就是句子的定义和实际运用之间的矛盾得到解决；二是副词化成分在副词化短语中的核心作用突出，可以解决像“副动词”同时兼有两种词性的不合理问题；三是可以

① 清格尔泰．蒙古语语法［M］．呼和浩特：内蒙古人民出版社，1992：519.
② 清格尔泰．蒙古语语法［M］．呼和浩特：内蒙古人民出版社，1992：551.
③ 清格尔泰．蒙古语语法［M］．呼和浩特：内蒙古人民出版社，1992：551.

更加清楚地分析句子的句法层次关系。

因此，本书不再把包含副动词的成分句称为状语成分句，而是称其为副词化短语。

二、副词化短语的句法分析

副词化短语主要充当主句的状语，从而修饰主句谓语。那么副词化短语的内部构成会有什么特点，将是我们这一节要讨论的问题。

副词化短语的共同特点是，它由动词短语 VP 上加副词化成分而形成。因此，副词化短语内部无一例外都包含一个 VP，即 VP+ADVL→ADVLP。VP 与 ADVL 合并后，形成的 ADVLP 就像副词一样修饰其他动词或动词短语，一般在句中充当状语成分。ADVLP 内部包含的 VP 是以动词 V 为核心的短语，VP 里 V 是必不可少的成分，也就是 VP 起码要包含一个 V。

在现代蒙古语中，包含十二种副词化成分的副词化短语实例我们用括弧式描写如下：

（5）a. 并列副词化短语：

蒙古语	ᠰᠠᠯᠬᠢᠨ	ᠭᠠᠷᠴᠤ	ᠴᠠᠰᠤ	ᠰᠢᠭᠤᠷᠪᠠ
国际音标	salkin	γar=ču	času	siγur=ba
语素分析	salkin	γar=ču	času	siγur=ba
对　译	风	起-ADVL	雪	刮-PST

意　　译 刮风下雪了。

并列副词化短语句法分析描写如下：

[TP [$_{ADVLP}$ [$_{VP}$ salkin γar] [$_{ADVL}$-ču]] času siγur=ba]

b. 分离副词化短语：

蒙古语	ᠬᠤᠪᠴᠠᠰᠤ ᠪᠠᠨ	ᠡᠮᠦᠰᠦᠭᠡᠳ	ᠭᠡᠷ ᠡᠴᠡ ᠪᠡᠨ	ᠭᠠᠷᠴᠠᠢ
国际音标	qubčasu-ban	emüs=ü=ged	ger-eče-ben	γar=čai①
语素分析	qubčasu-ban	emüs=ü=ged	ger-eče-ben	γar=čai

① 清格尔泰．蒙古语语法［M］．呼和浩特：内蒙古人民出版社，1992：271.

对　　译 衣服-RPOS　穿-ADVL　屋-ABL-RPOS　出-PST

意　　译 穿好衣服走出了屋子。

分离副词化短语句法分析描写如下：

[TP [ADVLP [VP e qubčasu-ban emüs] [ADVL=ü-ged]] ger-eče-ben γar=čai]

c. 联合副词化短语：

蒙 古 语 ᠬᠠᠪᠢᠷᠭᠠᠨ　ᠰᠠᠷᠠ　ᠳᠤᠯᠠᠶᠢᠨ　ᠳᠡᠭᠳᠡᠪᠡ

国际音标 qabirγan　sara　dulayi=n　degde=be①

语素分析 qabirγan　sara　dulayi=n　degde=be

对　　译 弯弯　月亮　闪闪-ADVL　升起-PST

意　　译 弯弯的月亮，闪闪地升起了。

包含联合副词化短语的句法描写如下：

[TP [ADVLP [VP qabirγan sara dulayi] [ADVL-n] degde=be]

d. 立刻副词化短语：

蒙 古 语 ᠪᠢ　ᠲᠡᠭᠦᠨ ᠢ　ᠦᠵᠡᠮᠡᠭᠴᠡ　ᠲᠠᠨᠢᠭᠰᠠᠨ

国际音标 bi　tegün-i　üǰe=megče　tani=γsan②

语素分析 bi　tegün-i　üǰe=megče　tani=γsan

对　　译 1st　2nd-ACC　看-ADVL　认出-ADJL

意　　译 我一看他就认出了。

包含立刻副词化短语的句法描写如下：

[TP [ADVLP [VP bi tegün-i üǰe] [ADVL-megče]] tani=γsan]

e. 跟随副词化短语：

蒙 古 语 ᠴᠢᠮᠠᠶᠢ　ᠬᠡᠯᠡᠬᠦᠯᠡ　ᠰᠠᠶᠢ　ᠮᠡᠳᠡᠵᠡᠢ

国际音标 čimayi　kele=kül_e　saYi　mede=ǰei③

语素分析 čimayi　kele=kül_e　saYi　mede=ǰei

对　　译 2nd-ACC　说-ADVL　才　知道-PST

意　　译 你说了，我才知道。

---

① 布仁特古斯．旷荡的原野［M］．呼和浩特：内蒙古人民出版社，2001：120.

② 清格尔泰．蒙古语语法［M］．呼和浩特：内蒙古人民出版社，1992：272.

③ 清格尔泰．蒙古语语法［M］．呼和浩特：内蒙古人民出版社，1992：273.

跟随副词化短语句法分析描写如下：

[TP [ADVLP [VP e čimayi kele] [ADVL-kül_e]] saYi mede=ǰei]

f. 前提副词化短语：

蒙 古 语 ᠪᠢ ᠬᠡᠯᠡᠮᠡᠨ ᠴᠢ ᠰᠠᠶᠢ ᠮᠡᠳᠡᠨ᠎ᠡ

国际音标 bi kele=men či saYi mede=n_e. ①

语素分析 bi kele=men či saYi mede=n_e.

对　　译 1st 说-ADVL 2nd 才 知道-PRES

意　　译 我说了，你才知道。

前提副词化短语句法分析描写如下：

[TP [ADVLP [VP bi kele] [ADVL-men]] či saYi mede=n_e]

g. 假定副词化短语：

蒙 古 语 ᠬᠥᠯ ᠭᠠᠷ ᠲᠠᠢ ᠪᠠᠨ ᠨᠡᠶᠢᠯᠡᠪᠡᠯ ᠶᠠᠮᠠᠷ ᠰᠦᠷᠡᠬᠡᠢ ᠪᠠᠶᠢᠳᠠᠭ ᠪᠣᠯ

国际音标 köl γar-tai-ban neyile=bel yamar sürekei bayi=daγ bol②

语素分析 köl γar-tai-ban neyile=bel yamar sürekei bayi=daγ bol

对　　译 脚 手-COMIT-POS 一起-ADVL 多么 厉害 在-HAB 是

意　　译 如果手脚连起来，不知道有多厉害。

假定副词化短语句法描写如下：

[TP [ADVLP [VP köl γar-tai-ban neyile] [ADVL-bel]] yamar sürekei bayi=daγ bol]

h. 让步副词化短语：

蒙 古 语 ᠢᠨᠢᠶᠡᠪᠡᠴᠦ ᠮᠠᠭᠤᠬᠠᠢ ᠤᠢᠯᠠᠪᠠᠴᠤ ᠮᠠᠭᠤᠬᠠᠢ

国际音标 iniye=bečü maγuqai, ukila=baču maγuqai.

语素分析 iniye=bečü maγuqai, ukila=baču maγuqai.

对　　译 笑-ADVL 难看 哭-ADVL 难看

意　　译 笑也难看，哭也难看。

让步副词化短语句法描写如下：

① 道布．蒙古语简志［M］．北京：民族出版社，1983：55.

② 布仁特古斯．旷荡的原野［M］．呼和浩特：内蒙古人民出版社，2001：13.

[TP [ADVLP [VP e iniye] [ADVL-bečü]] maγuqai], [TP [ADVLP [VP e ukila] [ADVL-baču]] maγuqai]

i. 迎接副词化短语：

蒙 古 语 ᠳᠠᠮᠷᠢᠨ ᠢ　ᠢᠷᠡᠲᠡᠯᠡ　ᠳᠥᠩᠭᠡᠵᠦ　ᠪᠠᠶᠢᠶ᠎ᠠ

国际音标 damrin-i　ire=tel_e　döngge=ǰü　bayi=y_a①

语素分析 damrin-i　ire=tel_e　döngge=ǰü　bayi=y_a

对　　译 达木林-ACC 来-ADVL　对付-ADVL 在-IMP1

意　　译 对付到达木林回来。

迎接副词化短语句法描写如下：

[TP [ADVLP [VP damrin-i ire] [ADVL-tel_e]] döngge=ǰü bayi=y_a]

j. 目的副词化短语：

蒙 古 语 ᠪᠢᠴᠢᠭ　ᠠᠪᠬᠠᠷ　ᠢᠷᠡᠵᠡᠢ

国际音标 bičig　ab=qar　ire=ǰei ②

语素分析 bičig　ab=qar　ire=ǰei

对　　译 书　拿-ADVL　来-PST

意　　译 来拿书。

目的副词化短语句法描写如下：

[TP [ADVLP [VP e bičig ab] [ADVL-qar]] ire=ǰei]

k. 趁机副词化短语：

ebüg en-i qara=ngγuta ǰanggira=γsan nidurγ_a ni aγaǰim-iyar sulara=ba. ③

/一看见老头，他紧握的拳头就慢慢地松开了。

蒙 古 语 ᠡᠪᠦᠭᠡᠨ ᠢ　ᠬᠠᠷᠠᠩᠭᠤᠲᠠ

国际音标 ebügen-i　qara=ngγuta

语素分析 ebügen-i　qara=ngγuta

对　　译 老头-ACC　看-ADVL

意　　译 一看见老头。

① 布仁特古斯．德力格尔杭盖［M］．北京：民族出版社，1997：68.

② 清格尔泰．蒙古语语法［M］．呼和浩特：内蒙古人民出版社，1992：277.

③ 布仁特古斯．旷荡的原野［M］．呼和浩特：内蒙古人民出版社，2001：11.

趁机副词化短语句法描写如下：

[TP [ADVLP [VP e ebügen-i qara] [ADVL-ngγuta]] ǰanggira=γsan nidurγ_a ni aγaǰim-iyar sulara=ba]

1. 延续副词化短语：

蒙 古 语 

国际音标 udba_la düdüne=n ukila=γsaγar siγud ger ǰüg-iyen güyü=be①

语素分析 udba_la düdüne=n ukila=γsaγar siγud ger ǰüg-iyen güyü=be

对　　译 乌达巴拉 嘟囔-ADVL 哭-ADVL 直接 家 方向-GEN 跑-PST

意　　译 乌达巴拉哭得泣不成声，直接往家跑了。

延续副词化短语句法描写如下：

[TP [ADVLP [VP udbal_a düdüne=n ukila] [ADVL-γsaγar]] siγud ger ǰüg-iyen güyü=be]

通过以上分析发现，现代蒙古语包含十二种副词化成分的副词化短语，无一例外都是由 VP+ADVL 的形式构成的。VP 表达的信息相当于一个“句子”，如“salkin γar/起风”“qubčasu-ban emüs/把衣服穿上”“qabirγan sara dulayi/弯弯的月亮闪亮”“bi tegün-i üǰe/我看他”“udbal_a düdüne=n ukila/乌达巴拉哭得泣不成声”等等。但是，它们末尾都缺少表达时态的 T，所以这些动词短语与时态成分 T 合并的话，都可以构成一个完整的 TP。如果与副词化成分 ADVL 合并的话，可以构成副词化短语，从而可以像副词一样修饰其他动词或动词短语。

第二节　副词化短语内的空语类

生成语法理论几经变化，到目前为止主要经历了第一语言模式时期、标准理论时期、扩展式的标准理论时期、管辖和约束理论时期、最简方案时期等发展阶段。空语类是在管辖与约束理论时期提出来的，它是管约论的八个理论模块之一②，是控制理论的主要内容。

① 布仁特古斯．旷荡的原野［M］．呼和浩特：内蒙古人民出版社，2001：115.

② 八个理论模块分别是：语杠理论、支配理论、格理论、题元理论、移动-α、边界理论、约束理论、控制理论等。

一、空语类的提出

生成语法理论在 1979—1993 年为“管辖和约束理论时期”，其代表作有《管辖和约束论集》[①] 和《管辖和约束理论的一些概念和影响》[②]。空语类（Empty category）概念是该理论时期的核心内容。

提出空语类的基础是语言学中确实存在着这样一种语类，它们只有句法和语义的作用，却没有语音内容。以汉语的兼语句为例“老师教学生做作业”，第二个动词前应当有一个施事，但根据题元准则[③]“每个主目（argument）[④] 必须，而且只许充当一个题元”，“学生”一词已经做了前一个动词“教”的受事，不可能再充当后面动词“做”的施事，这里就出现了一个具有“施事”句法功能、而没有语音序列的“空位”。又如英语句“[e] to learn English is difficult”（学英语难）中 [e] 也是一个空语类。[⑤]

空语类的经典理论是建立在英语、西班牙语等语言的研究基础之上。20 世纪 80 年代至今，各国学者探讨过世界上许多语言的空范畴现象，包括意大利语、法语、日语、汉语等等，证明了虚范畴是确实存在的，至于各种语言里虚范畴的种类和性质学者们则各有不同看法。[⑥]

空语类，实际上就是有语法意义但无语音实现形式的隐形成分。乔姆斯基将空语类分为四类：NP-语迹、pro、PRO 以及 Wh-语迹。从生成方式上又可以分为两大类，即移位生成和由基础规则生成两类。由移位生成的又可以细分为两

---

① Chomsky, N. *Lectures on Government and Binding*, Foris, Dordrecht. 1981.

② Chomsky, N. *Some Concepts and Consequences of the Theory of Government and Binding*, MIT press, Cambridge, Mass.

③ 题元准则（theta criterion）：a，每个主目语都必须充当一个题元角色；b，每个题元角色都必须分派给一个主目语。题元角色（Thematic role）是根据句中名词与动词间的语义、逻辑关系而定的。因此它与我们平常说的主语、宾语、状语等不同。主语、宾语、状语等是根据名词在句中位置的不同而起变化，但一个名词相对于动词而担任的题元角色是不会改变的，而且各语言之间有一定的共同点。如：“batu almurad ide=n_e./巴图吃苹果。”“batu/巴图”是动词“ide=n_e”的施事角色，“almurad”是受事角色。在句子“almurad batu-du idegde=be./苹果被巴图吃了”中“batu”还是施事角色，“almurad”还是受事角色。

④ 主目是指谓词所涉及的对象，也称“论元”。

⑤ 高莉琴．维吾尔语中的空语类［J］．新疆大学学报（社会科学版），2004（9）．

⑥ 高莉琴．维吾尔语中的空语类［J］．新疆大学学报（社会科学版），2004（9）．

种，NP-语迹和Wh-语迹；由基础规则生成的也可细分为两种，即在表层无法补出的PRO和表层可以补出的小pro。[①]

四种空语类形式有什么区别和它们分别有什么特点，将在下面进行具体介绍。

二、空语类的种类

（一）NP-语迹

乔姆斯基从四个方面描写NP-语迹。从结构层次看，NP-语迹是移位后产生的，在S结构[②]中开始出现。从题元理论[③]看，语迹并非独立题元，它依附于它的先行语。从管辖理论看，语迹受管辖。从约束理论看，NP-语迹受约束，因为它与移居主目位置的先行语同指标，是主目约束。[④] NP-语迹是英语中较常见的现象，如在被动句中的主语一般被认为是从宾语位置提升的。如：

（6） a. e seems John to hate Maryb.

b. $John_i$ seems t[⑤]〔NP_{-i}〕 to hate Mary.（约翰好像讨厌玛丽。）

a中的空语位置e被John填满后，b成为了主语提升的例句，John在原来的位置留下了语迹—— NP_{-t}。

汉语中宾语提升做话题，主动句转换成被动句留下的语迹，也属于NP-语迹。如：

（7） a. 我知道那件事。

那件事j我知道〔NP_{-j}〕。

b. e去商店我买东西。

---

① 徐烈炯．管辖与约束理论［J］．国外语言学，1984（2）．

② S结构是生成语法理论对于标准理论时期的深层结构（deep structure）和表层结构（surface structure）重新定义后的概念，即不再有深层和表层之分，而是D结构和S结构之分。D结构表达了基本的主目结构信息，是底层结构；S结构反映了句子成分的实际顺序以及格形式等信息，是浅层结构。

③ 题元理论包括题元角色（如：施事角色、受事角色、经事角色等）和题元准则。

④ 高莉琴．维吾尔语中的空语类［J］．新疆大学学报（社会科学版）．2004（9）．

⑤ t（trace“语迹”的缩写）表示某成分移走后会留下语迹，被移出的成分的右下角同时标上小写字母i、j、k等，表示同指关系。

我 k 去商店〔NP_k〕买东西。

a 是宾语提升做话题，b 是主语提升的例句。

还有一种情况是疑问词被移到句首 Comp 位置，这种移位是主题化疑问，也就是 NP-移位。如：Nobody thinks that man will do ti.

$[_{Comp}$ That man^i $[_s$ nobody thinks $[_s$ t^i will do it$]$ $]$ $]$①

（二）Wh-语迹

Wh-代表疑问词。Wh-的语迹也是由移位产生的，是从主目位置移到非主目位置后留下的语迹。从结构层次看，Wh-语迹也是在 S 结构中开始出现的。从题元理论看，语迹并非独立题元，它依附于它的先行语；从管辖理论看，语迹受管辖；从约束理论看，Wh-语迹应当不受约束。因为移位之后疑问词处于标句位置，后面是一个独立的句子，“标句成分”是从句里的一个成分，出现的位置是非题元位置，非题元不是主目，所以叫非主目约束，非主目约束实质上是不受约束。英语中，关系分句里被关系词已替代的词语，Wh-疑问句的 Wh-疑问词以及主题句中主题化的词语所留下的语迹都是 Wh-虚迹。② 如：

（8）$What_i$ did you say $[NP_i]$（你说了什么?）

例句的 D 结构应该是“You said what ?”，“What”在 D 结构中处于 said 的后面，但由于英语有疑问词前移规则，“What”从原位移到了标句词（COMP，complementizer）位置。

英语中，带有疑问词的所有句子都必须经过疑问词移位。

（三）PRO

上述 NP-语迹和 Wh-语迹都是移位的结果，PRO 却不同，它本来就是无形的代词，是相对有形代词而提出的。独立题元，在 D 结构中已出现，不受管辖也不受约束。PRO 作为空语类的一种，因其独特性，只能出现在非限定句的主语位置，在英语中，该位置是不定式从句的主语位置，一般称其为空代词 PRO。如：

① 力提甫·托乎提．从短语结构到最简方案——阿尔泰语言的句法结构［M］．北京：中央民族大学出版社，2004：268.

② 高莉琴．维吾尔语中的空语类［J］．新疆大学学报（社会科学版），2004（9）．

（9）①a. I want PRO to go.（我想去。）

b. I want（I）to go.

②a. I like [PRO stadying Chinese].

b. I like（I）stadying Chinese.

在① a 里 want 是二元动词[①]，它需要施事者也需要一个受事者，但在 S 结构里只出现了施事，没有标明受事是谁。宾语位置被空语类占据，因此，在 want 的后面应该有一个隐形代词 PRO，在该句里 PRO 与 I 同指。例② 的情况与①一样。

PRO 是非时态句或动名词主语位置上的无形代词，是句法学家们在与其他空位的对比中确认的另一个空语类。它不受管辖，因此需要控制。它的控制语一般是它前面出现的另一个名词。这一名词也可能是主语的宾语，看具体动词的性质而定。[②]

根据徐思益先生《从空语类说开去》[③] 中的论述，汉语里有四种句式均属于大 PRO。如：

（10）a. PRO 写好汉字很不容易。（动词短语作主语的句式）

b. PRO 请 PRO 上车买票。（表示令行禁止的非主谓句式）

c. 小林去商店 PRO 买橘子吃。（连动句）

d. 王平让妈妈 PRO 洗衣服。（兼语句）

（四）pro

在生成语法的管辖与约束理论中，讨论最热烈的问题是英语中疑问词移位（WH-Movement）及其语迹的约束、名词短语（NP）的前移及其语迹（trace）

① 二元动词：根据动词所能选取的论元的数量，动词可分为一元、二元或者三元动词。一元动词在句法结构上和不及物动词相对应，二元或者三元动词则和及物动词相对应。

② 力提甫·托乎提．从短语结构到最简方案——阿尔泰语言的句法结构［M］．北京：中央民族大学出版社，2004：268.

③ 徐思益．语言研究探索［M］．北京：商务印书馆，2009.

的约束、空代词 PRO 的确认及其控制、照应语①与先行词②之间的约束与被约束关系等。另外，生成语法学家们还确认，在形态较发达的一些语言里还有能代表主语代词的空语类，它被称为无形代词 pro。③

pro 是乔姆斯基在 1982 年提出来的，是指形态变化比较丰富的语言中，时态句脱落的主语。所以 pro 的存在依赖于表达一致的形态系统。与大 PRO 相同的一点是，都在基础部分生成，可以从动词的形态中推知主语的人称、性、数等的特征。英语中没有，汉语也没有。pro 和 PRO 的不同之处在于，pro 可以在表层中补出，而大 PRO 不能在表层中补出。④ 如：

（11） ᠪᠠᠲᠤ： ᠴᠢ ᠰᠤᠷᠭᠠᠭᠤᠯᠢ ᠳᠤ ᠣᠴᠢᠨ᠎ᠠ ᠤᠤ

batu： či surɣaɣuli-du oči=n_a uu?

巴图： 2nd 学校-ALL 去-PRES 吗-Q

巴图： 你去学校吗？

ᠰᠡᠴᠡᠨ： （ᠪᠢ，pro） ᠣᠴᠢᠨ᠎ᠠ

secen： （bi，pro） oči=n_a.

斯琴： （1st，pro） 去-PRES

斯琴： （我）去。

蒙古语的该例句中，根据会话内容可以恢复被省略的代词“bi/我”。但是下面例句的情况就不同，不能根据上下文恢复被省略的代词。如：

（英） I want（I，PRO）to go. /我想走。

（汉） PRO 请 PRO 上车买票。

（蒙） PRO bičig sur=qu üneker küčirtei。

PRO 书 学-ADJL 真的 难

读书真难。

---

① 照应语：乔姆斯基将自然语言中的代词分照应语（anaphora）和称代语（pronoun）两种。照应语是指没有能力指称，必须上指某个主目语（argument）的词语。

② 先行词：一般的关系代词前的词就是先行词。如：This is the man who gave me the book 。例句中“man”就是先行词，“who”是关系代词。

③ 力提甫 · 托乎提．从短语结构到最简方案——阿尔泰语言的句法结构［M］．北京：中央民族大学出版社，2004：265.

④ 高莉琴．维吾尔语中的空语类［J］．新疆大学学报（社会科学版），2004（9）．

总之，NP-语迹与 Wh-语迹就是 NP 和 Wh（英语 Wh 字母开头的疑问词）移位后留下的语迹。NP-语迹相当于照应语，Wh-语迹相当于指称语，PRO 相当于代名词，pro 在英语中没有，其他一些语言中有。包括蒙古语在内的阿尔泰语言的空语类也是比较自由的，但不像汉语的空语类那样无约束。阿尔泰语言中的空语类受到一致关系、明显形态标志、子语类化特征等的约束。但也不像英语那么严谨，其管辖语域或约束方式也跟英语的不同。①

综上所述，蒙古语副词化短语中的空语类属于四种空语类的哪一类，还是四种空语类在蒙古语副词化短语中都有体现，我们在下面进行具体讨论。

三、副词化短语内的空语类

蒙古语是一种形态变化非常丰富的语言，这一点它不同于英语和汉语。根据我们的观察，乔姆斯基论及的三种空语类，在蒙古语中都有体现。如：

（12）①a. ᠪᠢ ᠮᠤᠤᠷ ᠲᠤ ᠳᠤᠷᠠ ᠦᠭᠡᠢ

bi muur-tu dur_a ügei.

1st 猫-ALL 喜 不-NEG

我不喜欢猫。

b. ᠮᠤᠤᠷ ᠲᠤ ᠪᠢ ᠳᠤᠷᠠ ᠦᠭᠡᠢ

muur-tu bi dur_a ügei.

猫-ALL 1st 喜 不-NEG

我不喜欢猫。

muur-tu bi [NP-语迹] dur_a ügei.

② ᠪᠢᠴᠢᠭ ᠰᠤᠷᠬᠤ ᠦᠨᠡᠬᠡᠷ ᠬᠦᠴᠢᠷᠲᠡᠢ

bičig sur=qu üneker küčirtei.

书 学-ADJL 真 难

读书真难

① 力提甫·托乎提．从短语结构到最简方案——阿尔泰语言的句法结构［M］．北京：中央民族大学出版社，2004：270.

PRO bičig sur=qu üneker küčirtei。

③ ᠪᠠᠲᠤ: ᠴᠢ ᠰᠤᠷᠭᠠᠭᠤᠯᠢ ᠳᠤ ᠣᠴᠢᠨ᠎ᠠ ᠤᠤ

batu: či surγaγuli-du oči=n_a uu?

巴图: 2nd 学校-ALL 去-PRES 吗

batu: či surγaγuli-du oči=n_a uu?

巴图: 2nd 学校（向位格） 去 吗-Q

巴图：你去学校吗？

ᠰᠡᠴᠡᠨ: ᠣᠴᠢᠨ᠎ᠠ

secen: oči=n_a.

斯琴：去-PRES

sečen:（bi，pro） oči=n_a.

斯琴：（1st，pro） 去

例句①的 b 是 D 结构，a 是 S 结构，①b 的主语迁移到句首 Comp 位置后形成了①a。这种移位留下的空位类似英语的 NP-语迹。

例句②只说明了读书很难这件事，但没有说明谁读书难，没有主语，所以我们认为该句省略了主语，主语位置被空位所占，这个句子也受空语约束。

例句③斯琴的回答省略了主语，但是我们通过上下文的解释可以复原这一空位。其实在现实中，在可复原的条件下，通过上下文我们可以复原任何省略的成分，这一点与英语的严谨句法规则不同。所以我们暂且将例③的空位称为 pro。

现代蒙古语副词化短语内部也会出现空语类。副词化短语在句中主要修饰主句的动词或者作为整个主句的状语，表示并列、先行、联合、假定、让步、迎接、立刻、跟随、目的、趁机、前提、延续等关系，副词化短语内部结构比较复杂，句中与其他成分结合时短语内部结构会发生变化。

由于蒙古语中完整的句子必须有时态和人称的特征，因此，一个完整的句子可以看作是时态短语 TP（tense phrase），时态成分 T 是 TP 的核心成分。蒙古语句子主语源自动词短语内部，动词短语为了取得时态特征必须与一个 T 合并；另外 VP 内部的指示语为了获得主格必须移到 TP 的主语位置通过主格核查①。如果这个动词短语与副词化成分连接形成了副词化短语，那么原来动词短语内部指示语移位留下的语迹就会出现在副词化短语的内部。如：

(13) 

salkin　γar=ču　bayi=n_a.

风　出-ADVL　在-PRES

起风了。

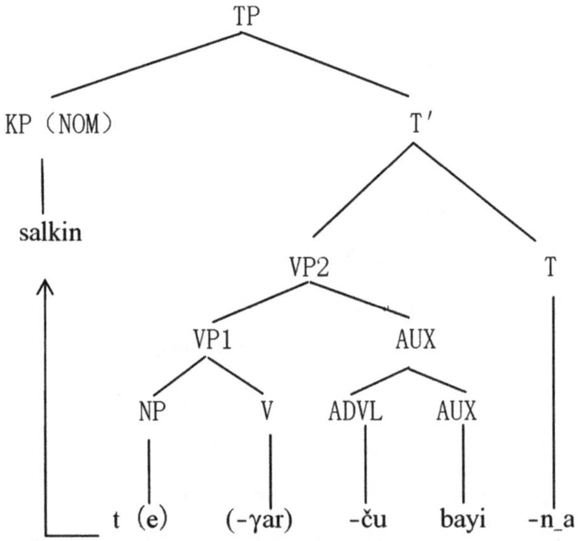

结合树状图我们可以分析例句的构成过程。即首先“salkin γar”是动词短语1；其次该动词短语与表现体的成分“-ču bayi”合并构成动词短语 2“salkin γar=ču bayi”；最后动词短语 2“salkin γar=ču bayi”与表时态成分“n_a”合并构成了完整的 TP salkin γar=ču bayi=n_a。

但在最后一步，动词短语“salkin γar=ču”与助动词“bayi=n_a”合并的时候，助动词“bayi=n_a”要分两步完成合并。正如我们在第四章副词化成分的句法功能部分所分析，在类似例句（13）的结构里，副词化成分早已失去其原有

① 核查（Checking）：最简方案中提出的核查是围绕着指示语（Specifier）、中心语（Head）和补语（Complement）的特征进行的。具体程序是：一个中心词的指示语特征相对于指示语的中心语特征而进行核查；同样，一个中心语的补语特征相对于其补语的中心语特征而进行核查。

的功能，只起一个连接成分的作用。因此副词化成分在与体助动词“bayi”一起长期使用的过程中，它们与其前面的主动词分离，与其后面的体助动词“bayi”合为一体了。

所以，动词短语“salkin γar=ču”与体助动词“bayi=n_a”的合并可以分为两个小步骤来看，即第一步，动词短语1“salkin γar”与体助动词“bayi”合并构成新的动词短语“salkin γar=ču bayi”，其中“-ču bayi”表示“体”，此时动词短语的指示语“salkin”没有主格；第二步，动词短语2“salkin γar=ču bayi”与表示时态成分的“-n_a”合并时，名词“salkin”必须从动词短语内部移出，到TP短语主语位置获得主格，因为只有移出获得主格才能通过核查。名词“salkin”移出后，在原来的位置留下语迹（trace，t），那么这种语迹属于我们前面介绍的四种语迹的哪一个？“salkin”是名词，也是该句的主题，所以“salkin”移位留下的空位是主题化成分移位留下的空位，这个空位要被主题化成分约束，但是这个空位还不能与英语的NP-相提并论。因为蒙古语等阿尔泰语言不像英语那么严谨，所以这个空位我们可以用“e”来代替。即：

a. ［salkin γar=ču bayi=n_a］

b. ［salkin^{i} ［^{i}e γar=ču bayi=n_a］］

移出来的成分“salkin”是这个语迹“e”的先行词（antecedent）。先行词紧紧地控制语迹的特征。再如：

（14）a.

üǰe=megče　tani=γsan.

看-ADVL　认出-ADJL

一看便认出了。

b.

qurdun　güyü=ǰü　oči.

快　跑-ADVL　去-PST

快跑过去。

这些例句都省略了主语，副词化短语“［$_{ADVLP}$ e üǰe=megče］、［$_{ADVLP}$ e qurdun güyü=ǰü］”内部不像例句a，有明显的可以移出的成分。但是在具体的语境中，可以根据上下文恢复这些句子的主语。如：

（15） ᠲᠠᠨ᠎ᠠ ： ᠲᠡᠷᠡ ᠬᠦᠮᠦᠨ ᠪᠣᠯ ᠰᠡᠴᠡᠨ

tan_a：tere kömün bol sečen.

塔娜：2nd 人 是 斯琴

塔娜：那个人是斯琴。

ᠪᠠᠲᠤ ： ᠦᠵᠡᠮᠡᠭᠴᠡ ᠲᠠᠨᠢᠭᠰᠠᠨ

batu： üǰe=megče tani=γsan.

巴图：看-ADVL 认出-ADJL

一看就便认出了。

batu（巴图）：（bi） üǰe=megče tani=γsan. （我）

上述对话中，巴图表示："一看就认出了那个叫斯琴的人"，但是他只说了"üǰe=megče tani=γsan/一看就认出了"，完整的回答应该是"（bi）üǰe=megče tani=γsan/我一看就认出了"。我们可以根据具体语境推断出"谁一看就认出了"。因此，这种情况下省略的单词应该占据一个空位，根据这个空位是可以恢复的特点，我们可以判断出它是空语类。类似情景在小孩初学语言和成人学第二语言的时候会经常出现，承认语言中空语类的存在会增强句法的解释力。

再如塔娜向刚进来的巴图说：

（16） ᠪᠠᠭᠰᠢ ᠳᠠᠭᠤᠳᠠᠵᠤ ᠪᠠᠢᠨ᠎ᠠ ᠬᠤᠷᠳᠤᠨ ᠭᠦᠢᠦᠵᠦ ᠣᠴᠢ

baγsi daγuda=ǰu bayi=n_a, qurdun güyü=ǰü oči.

老师 叫-ADVL 在-PRES 快 跑-ADVL 去

老师在叫呢，赶紧跑过去。

baγsi daγuda=ǰu bayi=n_a，（či） qurdun güyü=ǰü oči.

对话中，塔娜是想让巴图赶紧跑到老师那里去，但是她可以不用刻意地说"你赶紧跑过去"，只说"赶紧跑过去"时，巴图也能明白是在说他，因此这里出现的空位也是无形代词。

以上例句都包含无形代词，同时也包含副词化短语。即：

（17） a. ᠦᠵᠡᠮᠡᠭᠴᠡ ᠲᠠᠨᠢᠭᠰᠠᠨ

üǰe=megče tani=γsan. /一看便认出。

看-ADVL 认-ADJL

[üǰe=megče tani=γsan.]

b. [e^{i} [e^{i} üǰe=megče tani=γsan.]]

(18) a. 

qurdun　güyü=ǰü　oči./快点跑过去。

快　　跑-ADVL 去

[qurdun güyü=ǰü oči.]

b. [e^{i} [e^{i} qurdun güyü=ǰü oči.]]

"e^{i}"是无形代词移出后留下的语迹，因此 e^{i} 是同指，用同样的字母"i"在右上角标记。

以下我们对蒙古语十二种副词化成分所构成的副词化短语结构做具体分析，判断副词化短语内空语类的存在情况。

(19) a. 并列副词化短语：

batu　örlöge　bos=ču,　niγur-iyan　ukiya=ǰu,　sidü-ben　šuwasada=ǰu,

巴图　早上　起-ADVL　脸-GEN　洗-ADVL　牙-RPOS　刷-ADVL

巴图早上起了床、洗了脸、刷了牙、

qoγula-ban　ide=ged,　surγaγuli-daγan　yabu=ba.

饭-RPOS　吃-ADVL　学校-LOC　走=PST

吃了饭，去学校了。

该例句中有四个副词化短语，他们的主语都是 batu，但是每一个副词化短语主语位置都是空的，因为句首的 batu 可以被它们共享。即 $batu^{i}$ [e^{i} örlüge bos=ču], [e^{i} niγur-iyan ukiya=ǰu], [e^{i} sidü-ben šuwasada=ǰu], [e^{i} qoγula-ban ide=ged], surγaγuli-daγan yabu=ba. 并不是"**batu** örlüge bos=ču, **batu** niγur-iyan ukiya=ǰu, **batu** sidü-ben šuwasada=ǰu, **batu** qoγula-ban ide=ged, **batu** surγaγuli-daγan yabu=ba."。而四个并列副词化短语内部的主语"batu"为了获得主格从副词化短语内部移出，到时态短语首（句首）获得主格，在原位留下

了语迹。

b. 分离副词化短语：

蒙　古　语 ᠬᠤᠪᠴᠠᠰᠤ ᠪᠠᠨ　ᠡᠮᠦᠰᠦᠭᠡᠳ　ᠭᠡᠷ ᠡᠴᠡ ᠪᠡᠨ　ᠭᠠᠷᠴᠠᠢ

国际音标 qubčasu–ban　emüs = ü = ged　ger–eče–ben　γar = čai①

语素分析 qubčasu–ban　emüs = ü = ged　ger–eče–ben　γar = čai

对　　译 衣服–RPOS　穿–ADVL　屋–ABL–RPOS　出–PST

意　　译 穿好衣服走出了屋子。

包含空语类的分离副词化短语描写为：

[ADVLP e qubčasu–ban emüs = ü = ged] ger–eče–ben γar = čai.

c. 联合副词化短语：

蒙　古　语 ᠬᠠᠪᠢᠷᠭᠠᠨ　ᠰᠠᠷ᠎ᠠ　ᠳᠤᠯᠠᠶᠢᠨ　ᠳᠡᠭᠳᠡᠪᠡ

国际音标 qabirγan　sara　dulayi = n　degde = be②

语素分析 qabirγan　sara　dulayi = n　degde = be

对　　译 弯弯　月亮　闪闪–ADVL　升起–PST

意　　译 弯弯的月亮，闪闪地升起了。

包含空语类的联合副词化短语描写为：

qabirγan sara^{i} [ADVLP e^{i} dulayi–n] degde = be.

d. 立刻副词化短语：

蒙　古　语 ᠪᠢ　ᠲᠡᠭᠦᠨ ᠢ　ᠦᠵᠡᠮᠡᠭᠴᠡ　ᠲᠠᠨᠢᠭᠰᠠᠨ

国际音标 bi　tegün–i　üǰe = megče　tani = γsan③

语素分析 bi　tegün–i　üǰe = megče　tani = γsan

对　　译 1st　3rd–ACC　看–ADVL　认出–ADJL：PST

意　　译 我一看他就认出了。

包含空语类的立刻副词化短语描写为：

bi^{i} [ADVLP e^{i} tegüi–i üǰe–megče] tani = γsan.

① 清格尔泰．蒙古语语法［M］．呼和浩特：内蒙古人民出版社，1992：271.

② 布仁特古斯．旷荡的原野［M］．呼和浩特：内蒙古人民出版社，2001：120.

③ 清格尔泰．蒙古语语法［M］．呼和浩特：内蒙古人民出版社，1992：272.

e. 跟随副词化短语：

蒙 古 语

国际音标 čimayi　kele=kül_e　saYi　mede=ǰei①

语素分析 čimayi　kele=kül_e　saYi　mede=ǰei

对　　译 2nd-ACC　说-ADVL　才　知道-PST

意　　译 你说了，我才知道。

包含空语类的跟随副词化短语描写为：

cimayi^{i}［$_{ADVLP}$ e^{i} kele-kül_e］saYi mede=ǰei.

f. 前提副词化短语：

蒙 古 语

国际音标 bi　kele=men　či　saYi　mede=n_e.②

语素分析 bi　kele=men　či　saYi　mede=n_e.

对　　译 1st　说-ADVL　2nd　才　知道-PRES

意　　译 我说了，你才知道。

包含空语类的前提副词化短语描写为：

bi^{i}［$_{ADVLP}$ e^{i} kele-men］či saYi mede=n_e.

g. 假定副词化短语：

蒙 古 语

国际音标 köl　γar-tai-ban　neyile=bel　yamar　sürekei　bayi=daγ　bol③

语素分析 köl　γar-tai-ban　neyile=bel　yamar　sürekei　bayi=daγ　bol

对　　译 脚　手-COMIT-RPOS　一起-ADVL　多么　厉害　在-HAB　是

意　　译 如果手脚连起来，不知道有多厉害。

包含空语类的假定副词化短语描写为：

［$_{ADVLP}$ e köl γar-tai-ban neyile-bel］yamar sürekei bayi=daγ bol.

① 清格尔泰．蒙古语语法［M］．呼和浩特：内蒙古人民出版社，1992：273.

② 道布．蒙古语简志［M］．北京：民族出版社，1983：55.

③ 布仁特古斯．旷荡的原野［M］．呼和浩特：内蒙古人民出版社，2001：13.

h. 让步副词化短语：

蒙 古 语 ᠢᠨᠢᠶᠡᠪᠡᠴᠦ ᠮᠠᠭᠤᠬᠠᠢ ᠤᠬᠢᠯᠠᠪᠠᠴᠤ ᠮᠠᠭᠤᠬᠠᠢ

国际音标 iniye=bečü maγuqai, ukila=baču maγuqai.

语素分析 iniye=bečü maγuqai, ukila=baču maγuqai.

对　　译 笑-ADVL 难看 哭-ADVL 难看

意　　译 笑也难看，哭也难看。

包含空语类的让步副词化短语描写为：

[$_{ADVLP}$ e iniye-bečü] maγuqai, ukila-baču maγuqai.

i. 迎接副词化短语：

蒙 古 语 ᠳᠠᠮᠷᠢᠨ ᠢ ᠢᠷᠡᠲᠡᠯᠡ ᠳᠥᠩᠭᠡᠵᠦ ᠪᠠᠶᠢᠶ᠎ᠠ

国际音标 damrin-i ire=tel_e döngge=ǰü bayi=y_a①

语素分析 damrin-i ire=tel_e döngge=ǰü bayi=y_a

对　　译 达木林-ACC 来-ADVL 对付-ADVL 在-IMP1

意　　译 对付到达木林回来。

包含空语类的迎接副词化短语描写为：

damrin^{i}-i [$_{ADVLP}$ e^{i} ire-tel_e] döngge=ǰü bayi=y_a.

j. 目的副词化短语：

蒙 古 语 ᠪᠢᠴᠢᠭ ᠠᠪᠬᠠᠷ ᠢᠷᠡᠵᠡᠢ

国际音标 bičig ab=qar ire=ǰei ②

语素分析 bičig ab=qar ire=ǰei

对　　译 书 拿-ADVL 来-PST

意　　译 来拿书。

包含空语类的目的副词化短语描写为：

[$_{ADVLP}$ e bičig ab-qar] ire=ǰei.

① 布仁特古斯．德力格尔杭盖［M］．北京：民族出版社，1997：68.

② 清格尔泰．蒙古语语法［M］．呼和浩特：内蒙古人民出版社，1992：277.

k. 趁机副词化短语：

蒙 古 语 ᠡᠪᠦᠭᠡᠨ ᠢ　ᠬᠠᠷᠠᠩᠭᠤᠲᠠ

国际音标 ebügen-i　qara=ngγuta

语素分析 ebügen-i　qara=ngγuta

对　　译 老头-ACC　看-ADVL

意　　译 一看见老头。

包含空语类的趁机副词化短语描写为：

[ADVLP e ebügen-i qara-ngγuta]

l. 延续副词化短语：

蒙 古 语 ᠤᠳᠪᠠᠯᠠ　ᠳᠦᠳᠦᠨᠡᠨ　ᠤᠢᠯᠠᠭᠰᠠᠭᠠᠷ　ᠰᠢᠭᠤᠳ　ᠭᠡᠷ　ᠵᠦᠭ ᠢᠶᠡᠨ　ᠭᠦᠶᠦᠪᠡ

国际音标 udba_la　düdüne=n　ukila=γsaγar　siγud　ger　ǰüg-iyen　güyü=be①

语素分析 udba_la　düdüne=n　ukila=γsaγar　siγud　ger　ǰüg-iyen　güyü=be

对　　译 乌达巴拉　嘟囔-ADVL　哭-ADVL　直接　家　方向-RPOS　跑-PST

意　　译 乌达巴拉哭得泣不成声，直接往家跑了。

包含空语类的延续副词化短语描写为：

udbal_a^{i} [ADVLP e^{i} düdüne=n ukila-γsaγar] siγud ger ǰüg-iyen güyü=be

以上例句中，并列副词化短语、联合副词化短语、立刻副词化短语、跟随副词化短语、前提副词化短语、迎接副词化短语、延续副词化短语内部的“salkin、qabirγan sara、bi、čimayi、damrin、udbal_a”等主语都为了获得主格从副词化短语内部移出，移到时态短语首（句首），在原位留下语迹。

总之，现代蒙古语副词化短语不能给主语分配主格，但副词化成分包含时态成分，所以它只能是时态短语的一部分。由于时态短语的主语是从动词短语内部移出来的，当副词化短语参与时态短语时，它跟时态短语共享一个主语。此时，副词化短语内部的主语位置是空的，而这个空位反过来又被时态短语的主语控制。

这里我们例举的分离副词化短语、假定副词化短语、让步副词化短语、目的副词化短语、趁机副词化短语参与的句子主体，如果没有背景材料的话，我们无

① 布仁特古斯．旷荡的原野［M］．呼和浩特：内蒙古人民出版社，2001：117.

法恢复，所以类似靠上下文恢复的空位不是严格意义上的空语类，生成语法不研究这类空语，因为它的约束范围远远超过一个句子（即时态短语）。这类研究应属于语用学等学科的研究范畴。此外，需要注意的是，通过前面几个章节的讨论，我们已经确定现代蒙古语副词化短语的构成规则是 VP+ADVL→ADVLP，一般情况下动词短语内部都有主语，副词化短语与时态成分结合构成时态短语 TP 时，动词短语内部的主语都会提升到句首获得主格，否则无法通过核验。那么，移出的主语在原位上会留下语迹，与提到句首获得主格的主语控制语迹相互照应。从这个角度来讲，现代蒙古语副词化短语内部无一例外都有空语类存在。

承认语言中空语类的存在是生成语法的一大优点，它增强了语法的解释力。但空语类是无形的，它的存在并不能用直接证据来证实，只是通过间接的证据，或者更确切地说，只是在生成语法学家的理论框架内得到证实。因此，乔姆斯基认为："很难相信空语类那些深奥的特点是以直接证据为基础学会的，事实上并没有有关空语类性质和特点的直接证据。因此，认为这些特点反映了心理、大脑的神奇的特点倒是合乎情理。如果我们的兴趣在于研究人的心理、大脑特点，而不在于外部环境的现象，那么空语类特别吸引人。"①

总之，生成语法空语类现象在现代蒙古语所有副词化短语内部都会出现，但是，蒙古语是有形态的语言，蒙古语句子结构也不如英语那么严谨，因而不能把蒙古语副词化短语内部的空位与英语的 NP 语迹和 PRO 等相提并论。

第三节　副词化短语的附加语功能

一、附加语的概念

附加语（adjunct）就是句子或谓语性成分中的修饰语。"附加语"的概念是在生成语法的框架下使用的。附加语包括修饰名词语类的附加语和修饰动词语类的附加语。但是名词性成分中的修饰语不在本书讨论范围之内。

① 转引自力提甫·托乎提．从短语结构到最简方案——阿尔泰语言的句法结构［M］．北京：中央民族大学出版社，2004：269.

最初，附加语是在生成语言学的体系中提出来的。生成语法在以往的研究中，把附加语处理为附加在X’或XP上的语类，附加语由此而得名。

附加语属于句子基本谓词-论元结构的边缘成分，正因如此它在句子结构句法或语义组合过程中的地位目前还不是很清楚。传统语言学把附加语看作修饰语，当代很多语言学家把附加语看作语义谓词、算子（Cresswell 1985），甚至论元（McConnell-Ginet 1982，Larson 1985）。乔姆斯基（1965）指出："状语是一个非常丰富的系统，同时也是研究很不充分的系统，目前关于状语系统的所有研究都还只是尝试性的。"五十年后，这种状况似乎并没有得到根本改变。乔姆斯基（1995，第四章注22）还指出："目前生成语法的短语结构理论还不能充分描写限定形容词关系子句和各种不同类型的附加语。""其自然的结果是，许多问题（包括一些对语言来说相当核心的问题）至今无法得到解决。"（Chomsky1995：242）①

本书所研究的现代蒙古语副词化短语对于整个句子来说是可有可无成分，即是附加语，这点是毋庸置疑的。副词化短语可以对句子的述语添加修饰或限制，可以充当整个句子的状语。但是它与其他类型的附加语有什么区别还有待进一步研究。

生成语法X标杆理论认为，一个短语是以该短语的核心语类命名，核心词是构成短语的关键成分。短语除了核心的关键成分以外还有其他成分，其他成分可以划分为必有成分和可有可无成分。如短语"batu aγaǰim bos/巴图慢慢地起"，该短语中动词"bos/起"是核心成分，因此该短语是动词短语，"bos"这个动作的实施者是"batu"，"batu"是动词"bos"的必有成分，但是副词"aγaǰim/慢慢"对动词"bos"来说是可有可无成分，有它没它短语一样能成立，"aγaǰim"只是起到修饰动词"bos"的作用。所以我们可以理解为该动词短语的核心成分是"bos"，必有成分是"batu"，可有可无成分是"aγaǰim"等。

为了区别短语中类似必有成分和可有可无成分的不同，X标杆理论把前者称为补足语"complement"，如"batu"；把后者称为附加语"adjunct"，如"aγaǰim"；把关键成分称为核心词"head"，如"bos"等。

① 彭家法．附加语的句法位置［D］．北京：北京语言大学博士学位论文，2007：4.

二、现代蒙古语副词性附加语

本书所研究的副词化短语通常给动词或动词短语添加修饰或限制的意思，而且它不是 TP 或 VP 的必有成分，因此它是副词性附加语。如：

(20) a. 蒙 古 语 ᠰᠠᠯᠬᠢᠨ ᠭᠠᠷᠴᠤ ᠴᠠᠰᠤ ᠰᠢᠭᠤᠷᠪᠠ

国际音标 salkin γar=čü času siγur=ba

语素分析 salkin γar=čü času siγur=ba

对　　译 风 起-ADVL 雪 刮-PST

意　　译 刮风下雪了。

[ADVLP salkin γar=čü] času siγur=ba. /起风并扬雪了。

该例句的副词化短语 [ADVLP salkin γar=ču/起风] 是在修饰扬雪，外面不但扬雪还起风，可能还有别的情况，比如乌云密布、寒风刺骨等，这些情况也都可以以副词化短语的形式加入进去，但是它们无一例外都只能充当附加语的角色。

再如其他副词化成分参与的副词化短语实例：

b. 先行副词化短语：

蒙 古 语 ᠬᠤᠪᠴᠠᠰᠤ ᠪᠠᠨ ᠡᠮᠦᠰᠦᠭᠡᠳ ᠭᠡᠷ ᠡᠴᠡ ᠪᠡᠨ ᠭᠠᠷᠴᠠᠢ

国际音标 qubčasu-ban emüs=ü=ged ger-eče-ben γar=čai

语素分析 qubčasu-ban emüs=ü=ged ger-eče-ben γar=čai

对　　译 衣服-RPOS 穿-ADVL 屋-ABL-RPOS 出-PST

意　　译 穿好衣服走出了屋子。

[ADVLP qubčasu-ban emüs=ü=ged] ger-eče-ben γar=čai.

c. 联合副词化短语：

蒙 古 语 ᠬᠠᠪᠢᠷᠭᠠᠨ ᠰᠠᠷᠠ ᠳᠤᠯᠠᠶᠢᠨ ᠳᠡᠭᠳᠡᠪᠡ

国际音标 qabirγan sara dulayi=n degde=be

语素分析 qabirγan sara dulayi=n degde=be

对　　译 弯弯 月亮 闪闪-ADVL 升起-PST

意　　译 弯弯的月亮，闪闪地升起了。

副词性附加语描写：

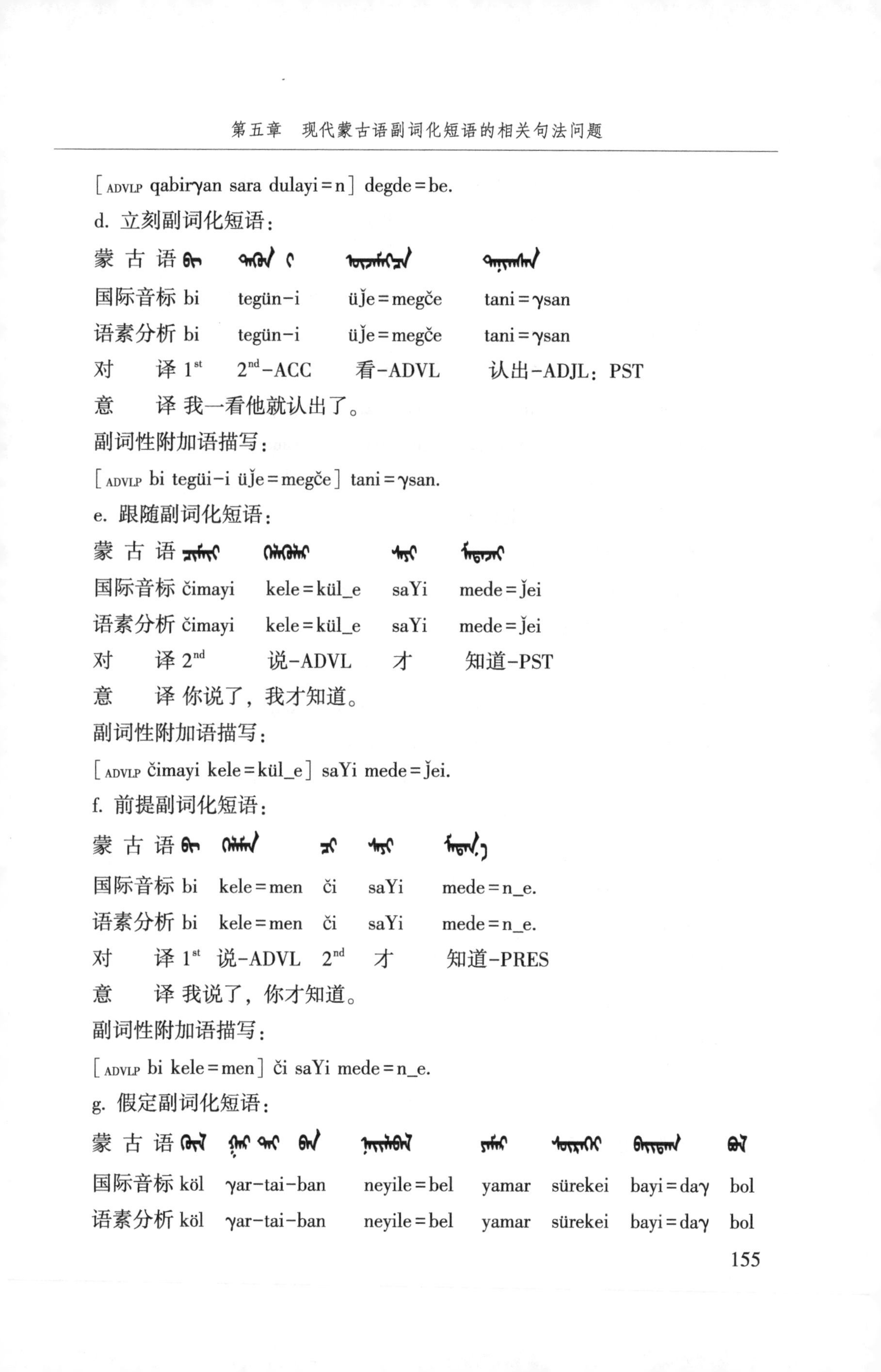

[ADVLP qabirγan sara dulayi=n] degde=be.

d. 立刻副词化短语：

蒙古语

国际音标 bi　tegün-i　üǰe=megče　tani=γsan

语素分析 bi　tegün-i　üǰe=megče　tani=γsan

对　　译 1st　2nd-ACC　看-ADVL　认出-ADJL：PST

意　　译 我一看他就认出了。

副词性附加语描写：

[ADVLP bi tegüi-i üǰe=megče] tani=γsan.

e. 跟随副词化短语：

蒙古语

国际音标 čimayi　kele=kül_e　saYi　mede=ǰei

语素分析 čimayi　kele=kül_e　saYi　mede=ǰei

对　　译 2nd　说-ADVL　才　知道-PST

意　　译 你说了，我才知道。

副词性附加语描写：

[ADVLP čimayi kele=kül_e] saYi mede=ǰei.

f. 前提副词化短语：

蒙古语

国际音标 bi　kele=men　či　saYi　mede=n_e.

语素分析 bi　kele=men　či　saYi　mede=n_e.

对　　译 1st　说-ADVL　2nd　才　知道-PRES

意　　译 我说了，你才知道。

副词性附加语描写：

[ADVLP bi kele=men] či saYi mede=n_e.

g. 假定副词化短语：

蒙古语

国际音标 köl　γar-tai-ban　neyile=bel　yamar　sürekei　bayi=daγ　bol

语素分析 köl　γar-tai-ban　neyile=bel　yamar　sürekei　bayi=daγ　bol

对　　译 脚　手-COMIT-POS 一起-ADVL 多么　厉害　在-HAB　是

意　　译 如果手脚连起来，不知道有多厉害。

副词性附加语描写：

[ADVLP köl γar-tai-ban neyile=bel] yamar sürkei bayi=daγ bol.

h. 让步副词化短语：

蒙 古 语 ᠢᠨᠢᠶᠡᠪᠡᠴᠦ　ᠮᠠᠭᠤᠬᠠᠢ　ᠤᠶᠢᠯᠠᠪᠠᠴᠤ　ᠮᠠᠭᠤᠬᠠᠢ

国际音标 iniye=bečü　maγuqai, ukila=bačü　maγuqai.

语素分析 iniye=bečü　maγuqai, ukila=bačü　maγuqai.

对　　译 笑-ADVL　难看　哭-ADVL　难看

意　　译 笑也难看，哭也难看。

副词性附加语描写：

[ADVLP e　iniye=bečü] maγuqai, [ADVLP e　ukila=baču] maγuqai.

i. 迎接副词化短语：

蒙 古 语 ᠳᠠᠮᠷᠢᠨ ᠢ　ᠢᠷᠡᠲᠡᠯᠡ　ᠳᠥᠩᠭᠡᠵᠦ　ᠪᠠᠢᠶᠠ

国际音标 damrin-i　ire=tel_e　döngge=ǰü　bayi=y_a

语素分析 damrin-i　ire=tel_e　döngge=ǰü　bayi=y_a

对　　译 达木林-ACC 来-ADVL　对付-ADVL　在-IMP1

意　　译 对付到达木林回来

副词性附加语描写：

[ADVLP [ADVLP damrin-i ire=tel_e] döngge=ǰü]　bayi=y_a.

j. 目的副词化短语：

蒙 古 语 ᠪᠢᠴᠢᠭ　ᠠᠪᠬᠠᠷ　ᠢᠷᠡᠵᠡᠢ

国际音标 bičig　ab=qar　ire=ǰei

语素分析 bičig　ab=qar　ire=ǰei

对　　译 书　拿-ADVL　来-PST

意　　译 来拿书。

副词性附加语描写：

[ADVLP　bičig ab=qar] ire=ǰei. /来拿书。

k. 趁机副词化短语：

ebügen-i qara=ngγuta ǰanggira=γsan nidurγ_a ni aγaǰim-iyar sulara=ba.

/一看见老头，他紧握的拳头就慢慢地松开了。

蒙 古 语 ᠡᠪᠦᠭᠡᠨ ᠢ ᠬᠠᠷᠠᠩᠭᠤᠲᠠ

国际音标 ebügen-i qara=ngγuta

语素分析 ebügen-i qara=ngγuta

对 译 老头-ACC 看-ADVL

意 译 一看见老头。

副词性附加语描写：

[ADVLP ebügen-i qara=ngγuta] ǰanggira=γsan nidurγ_a ni aγaǰim-iyar sulara=ba.

l. 延续副词化短语：

蒙 古 语 ᠤᠳᠪᠠᠯᠠ ᠳᠦᠳᠦᠨᠡᠨ ᠤᠢᠯᠠᠭᠰᠠᠭᠠᠷ ᠰᠢᠭᠤᠳ ᠭᠡᠷ ᠵᠦᠭ ᠢᠶᠡᠨ ᠭᠦᠶᠦᠪᠡ

国际音标 udba_la düdüne=n ukila=γsaγar siγud ger ǰüg-iyen güyü=be

语素分析 udba_la düdüne=n ukila=γsaγar siγud ger ǰüg-iyen güyü=be

对 译 乌达巴拉 嘟囔-ADVL 哭-ADVL 直接 家 方向-RPOS 跑-PST

意 译 乌达巴拉哭得泣不成声，直接往家跑了。

副词性附加语描写：

[ADVLP [ADVLP udba=la düdüne=n] ukila=γsaγar] siγud ger ǰüg-iyen güyü=be.

通过分析论证发现，蒙古语十二种副词化成分与动词短语合并构成的副词化短语，无一例外都是整个 TP 的附加语，即蒙古语副词化短语修饰动词或动词短语，或者给动词或动词短语添加某种意义。它和必有成分是有区别的，对于 TP 的成立不会起到关键作用。因此，生成语法框架下我们称这种成分为附加语。

余　论

本书通过分析传统语法对副动词的研究后发现，虽然传统语法在副动词的分类、特征、功能分析等研究方面取得了一定的成绩，但是依然存在一些美中不足的地方。

著者在老一辈蒙古语言学家们的研究基础上，第一次把生成语法理论的研究框架引用到现代蒙古语副动词的研究上来，提出了蒙古语构成副动词的副词化成分并不是单个动词的形态变化问题，它除了传统语法所说的可以连接两个动词构成复合动词和连接动词与助动词表现“体”的功能外，还有使动词短语副词化的功能，即可以构成副词化短语的观点。现简要总结如下：

一、提出运用生成语法打破传统语法的束缚来研究蒙古语副动词问题。

通过分析国内外蒙古语学界对现代蒙古语副动词现象的研究发现，因为学者们被理论所限制，即无法摆脱词法与句法相脱离的情况，副动词的研究被看作是动词的形态变化问题，只在词法部分被解释和研究。这样的解释和研究显然忽视了“副动词”的句法功能。因此，本书采用了没有词法与句法界限的生成语法理论，试图解决以往研究中自相矛盾的问题。

蒙古语言学家们普遍认可的副词化成分的语法功能有两种：（一）单纯连接副词化成分有连接两个动词构成复合动词的功能；（二）单纯连接副词化成分和混合连接副词化成分与助动词连接，或者把连接副词化成分的动词重复的形式可以表现“体”的意义。

本书也认同副词化成分的这两种功能，但我们不认同将副词化成分的两种功能都归为句法功能，而是认为前一个功能属于词法问题，后一个功能应属于句法问题。在此基础上，本书又创新性地提出了副词化成分有第三种功能，即副词化成分可以附加在动词短语上构成副词化短语。

副词化成分的提出，可以解决现代蒙古语以下三个问题：

（一）蒙古语句法不再有副动词概念，这样可以解决传统蒙古语“副动词”在句法分析过程中有时充当动词，有时充当副词的矛盾现象。

（二）包含副动词的句子并不能构成所谓的复合句子，这些句子只是包含副词化短语的句子而已，而且这些副词化短语对于整个句子来说是可有可无的附加成分。

（三）副词化成分所构成的副词化短语的问题是句法问题，应当在句法部分讨论。

总之，传统语法所谓的“副动词”问题并不全是词法问题，也有句法问题。在今后的研究当中应当严格区别开来做分析，在句法部分重点研究副词化成分构成副词化短语的功能和副词化成分连接助动词表现“体”的功能，只有这样才能更加合理地解释副词化成分和句子的句法层次问题。另外，副词化成分连接两个独立的动词构成复合动词的问题应放到词法部分来解释，它属于构词问题，应当在词法部分进行研究。

此外，在这一部分里，还简单介绍了本书的分析框架、研究方法以及转写符号的特点等内容。

二、提出了蒙古语副词化短语概念。

生成语法理论把词汇分为语类，这种分类法和传统语法的词类分类法有所不同，因为它是完全依据词的句法特征来分类的。以句法特征为标准的生成语法词汇语类有实义语类和功能语类，统称单词语类。单词语类再通过短语结构规则构成短语。如名词短语、格短语、副词化短语等。语类划分法有词类分类法无法比拟的优势，即：（一）有高度的概括性；（二）可以揭示句法层次关系；（三）可以避免产生歧义。

生成语法的研究可以说是从语类描写开始的，在此基础上不断有新的理论诞生。X 标杆理论就是这些理论之一，X 标杆理论认为一个短语必须有一个核心语类，整个短语也以这个核心语类来命名。动词短语连接副词化成分后形成的短语可以修饰其他动词或动词短语，也就是副词化成分起了核心作用，所以我们认为这是“副词化短语”。

本书还指出传统语法所说的“副动词”是受了印欧语言的影响，把适用于印欧语言的一套理论强加给蒙古语的研究所造成的结果。因此，本书通过比较和分析道布教授的《蒙古语简志》、清格尔泰教授的《蒙古语语法》、内蒙古大学蒙古学院蒙古语研究所的《现代蒙古语》等三部有代表性的研究著作中“副动词”的研究，发现问题、分析问题、研究问题得出结论。他们对“副动词”问题的矛盾的解释是因为受到理论限制，无法跳出传统理论框架所致。但是，运用生成语法理论来研究“副动词”的问题就可以避免理论的约束，从而更加彻底地分析和研究至今未能很好解决的“副动词”问题。

以生成语法理论研究蒙古语副动词也是受维吾尔族著名语言学家力提甫·托乎提教授的启发。力提甫·托乎提教授不但成功运用生成语法最新理论研究解决了维吾尔语的一些问题，还基于维吾尔语、蒙古语和满通古斯语等阿尔泰语言的诸多共同特点，将研究领域扩大到了整个阿尔泰语言的研究。本书正是在力提甫·托乎提教授的研究基础上，提出了“蒙古语的副词化成分”和“蒙古语的副词化短语”两个全新概念。

对传统语法的“副动词”研究和生成语法框架下提出的副词化成分、副词化短语的研究对比后发现，引用副词化成分、副词化短语的研究方法能更好地体现所谓“副动词”所参与的短语的句法层次关系，对把握蒙古语的粘着型特点更有效。

总之，蒙古语语法过去试图在一个单词平面上解决动词的“副动词”形态变化问题，所以出现了词法和句法相脱离、副动词解释自相矛盾的情况。现在我们用生成语法理论，打破词法与句法的界限，很好地解决了“副动词”解释自相矛盾的问题。

三、对蒙古语每一个副词化成分做了句法解析。

蒙古语法学家们对于副动词的分类和构成过程等问题做了大量的工作，而且也形成了比较一致的看法。本书对于副动词的种类并没有重新划分，而是沿用了清格尔泰教授 1992 年在《蒙古语语法》中的三大类、十二个小类的分类法。蒙古语的这些副动词种类要比维吾尔和满语等其他阿尔泰语的副动词种类更加丰富。

蒙古语的副词化成分可以表达各种各样的“条件”和“制约”关系。所以蒙古语的词类中没有真正的“连词”，或者可以说不需要“连词”，“连词”的功能基本上可以由副词化成分取代。本书运用生成语法研究传统语法中的副动词问题，正是想突出副词化成分的句法功能。

在生成语法框架下，通过单纯连接副词化成分的句法解析，总结出以下几个特点：(1) 单纯连接副词化成分可以与动词短语（VP）合并构成单纯连接副词化短语（ADVLP）；(2) 单纯连接副词化短语一般出现在动词前面，有时两者之间会出现附加语，但是这并不影响整体结构，因为附加语是可有可无成分；(3) 并列副词化短语可以与主句共享一个主语，也可以有自己的独立主语。

制约连接副词化成分的主要句法特点有：(1) 制约连接副词化成分连接在动词短语后面，构成制约连接副词化短语；(2) 制约连接副词化成分构成的制约副词化短语常常做其他动词的状语；(3) 制约连接副词化短语构成的制约副词化短语可以有自己的独立主语，也可以与主句共享同一个主语；(4) 制约连接副词化成分是制约连接副词化短语的核心语类。

混合连接副词化成分的主要句法特点有：(1) 混合连接副词化成分可以连接在动词短语后面，构成混合连接副词化短语；(2) 混合连接副词化成分构成的混合副词化短语常常修饰动词或动词短语；(3) 为了文学表达的需要，有时混合连接副词化成分可以结束句子，此时，混合副词化短语可以表达完整的意义；(4) 混合连接副词化成分是混合连接副词化短语的核心语类。

总之，由一个动词短语副词化而形成的 ADVLP 的最大特点是，它与一个动词或句子结合而充当主句的状语。因此，它们可以与一个副词相提并论。现代蒙古语语法中的副动词和这里所说的副词化成分等术语都来自这一特征，但是值得注意的是，副词可以修饰动词，也可以修饰形容词，但副词化短语不能修饰形容词。另外，程度副词可以有级的变化，但副词化短语一般不会有级的变化。它们以副词化成分的身份起着其他语言中的连词“由于、因为、如果、虽然、为了、一……就、越……越”等的作用。

副词化短语的存在是蒙古语的一大特点，过去把动词的副词化形式作为动词的形态变化在词法部分进行讨论，却忽视了副词化成分不光附加在动词上，而是附加在整个动词短语后面的特点，也就忽视了副词化成分的句法功能。

四、介绍了蒙古语副词化成分构成副词化短语以外的句法功能。

副词化成分除了有使动词短语副词化的功能以外，还有与助动词连接表现“体”的功能、连接实义动词与能动词表现情态意义的功能和连接两个动词构成复合动词等功能。

现代蒙古语副词化成分由以下三种方式来表现“体”，即（1）混合连接副词化成分“-GSAGAR”本身可以表现“体”；（2）单纯、混合连接副词化成分可以连接普通动词与助动词来表现“体”；（3）在同一个动词上重复连用单纯、混合连接副词化成分或在不同的动词上交替使用单纯、混合连接副词化成分的形式表现“体”。

单纯连接副词化成分表现“体”的具体方式有：（1）单纯连接副词化成分有“-JU、-GAD、-N”等形式。它们可以以连接普通动词与助动词（如 bayi）的形式表示正在进行体、重复进行体、已经进行体与继续体等；（2）现代蒙古语可以以重复连接单纯连接副词化成分“-JU、-GAD、-N”的动词的形式，表示“体”的意义。

混合连接副词化成分表现“体”的具体方式有：（1）现代蒙古语混合连接副词化成分有“-GSAGAR”形式。该形式可以连接普通动词与助动词“bayi”。此时，不但“-GSAGAR”本身可以体现“体”的意义，“-GSAGAR bayi”的形式也可以表现“体”的意义。其中“bayi”可以按照动词诸形式变化；（2）蒙古语可以以重复连接混合连接副词化成分的动词的形式，表现延续或持续体的意义。

此外，单纯连接和混合连接副词化成分还可以共同表现“体”。例如，在同一个动词上交替使用单纯连接副词化成分“-JU、-GAD、-N”与混合连接副词化成分“-GSAGAR”可以表示继续体和持续体。

蒙古语单纯连接副词化成分有时还可以连接助动词表现“体”。在蒙古语中，有一部分动词有时失去自己的独立意义，而连接在单纯连接副词化成分后，辅助实义动词表现“体”的意义。蒙古语中这类助动词有“bayi=qu/有，ekile=kü/开始，bara=qu/完了，daγus=qu/结束，saγu=qu/坐，yabu=qu/走”等。本书在生成语法框架下，把现代蒙古语中由专门的体助动词表达的“体”在 AUX（auxiliary）底下注明。

蒙古语副词化成分也可以连接普通动词与能动词。现代蒙古语能动词有：

bol=qu，čida=qu，mede=kü，yada=qu 等，它们通过副词化成分与普通动词连接表示“可以、可能、会、不会”等情态意义。

蒙古语副词化成分还可以连接两个动词，构成并列关系复合动词、状述关系复合动词和辅助关系复合动词。

总之，蒙古语副词化成分除了构成副词化短语以外，还有表现“体”、连接普通动词与助动词、连接普通动词与能动词、连接两个动词构成复合动词等句法功能。

五、现代蒙古语副词化短语内部也有空语类。

生成语法承认，语言中有空语类存在，并按照其特点将空语类分为：NP-语迹、pro、PRO 和 Wh-语迹等四种。通过研究发现，蒙古语副词化短语内部也有三种空语类。空语类不但在蒙古语中频繁出现，而且在副词化短语内部也会出现。承认空语类的存在对语言的解释和语法描写有很大的帮助。同时，承认空语类的存在对语言观察的充分性、描写的充分性和解释的充分性也更有利。

运用空语类后发现，类似蒙古语句子“yabu=ǰu bayi=n_a/在走”中的副词化成分“-ǰu”，看似只连接在单个动词“yabu-”上，其实不然，它是连接在整个动词短语“e yabu-”上。因为，这是句中主语被省略后，让人们产生的错觉。整个句子应该是“e yabu=ǰu bayi=n_a/（e）在走”，副词化短语为［$_{ADVLP}$［$_{vp}$e yabu］+［$_{ADVL}$-ǰu］］。

所以，副词化短语内部无一例外都包含一个 VP，只有“VP+ADVL”才可以构成“ADVLP”。

副词化短语对主句来说只是一个修饰语，而且这种修饰语在理论上可以有无数个，但是不管它有多少个，对主句来说它都不是必有成分，只起到附加语的作用。

六、副词化短语的句法分析有利于语言信息化处理。

运用生成语法准确处理现代蒙古语句法层次关系有助于语言信息处理。目前世界各国建设的语料库都有两个共同的特点：一是语言要符号化；二是制定规则。内蒙古大学蒙古学学院在蒙古语语料库建设方面取得了很大的进展，但截至目前，将蒙古语言信息处理与生成语法研究结合起来开展工作的还很少，还未能完全发挥生成语法句法分析对语言信息处理的作用。本书认为，生成语法本身作为比较接近自然科学的一套语言研究方法能够更好地服务语言信息处理。首先，它有完整的符号系统。如名词（N）、动词（V）、名词短语（NP）、静词化成分（SUBZ）、动词短语（VP）、副词化短语（ADVLP）、时态成分（T）等等；其次，运用生成语法可以更好地分析语言句法层次关系。它有树状图、括号描写法等一套应用体系；再次，运用生成语法做句法分析可以推断出语言生成规则。如VP+ADVL→ADVLP，VP+ALZ→ADJLP等等。生成语法的这些特点与语言信息化处理方法不谋而合，所以生成语法框架下的蒙古语副词化短语研究更利于语言信息化处理。

随着云计算、大数据、区块链等技术涌现，机器人写新闻报道都已不是什么新鲜事儿了，在生成语法框架内更彻底更全面地将现代蒙古语全部生成规则分析出，并用这些有限的规则生成无限的句子才是我们的真正目的，也是语言研究的终极目标。

总之，本书在承认“副词化成分”可以与助动词连接表现“体”的功能和“副词化成分”可以连接两个动词构成复合动词等功能的基础上，又提出“副词化成分”还可以附加在动词短语后面、构成“副词化短语”的句法功能。但是，副词化短语对于全句来说只是个附加语，也就是说它并不是一个必有成分。

参考文献

一、中文类著作、论文

［1］［苏联］布·哈·托达叶娃．现代蒙古标准语语法讲义（李佩娟、陈伟、阮西湖、陈诺合译）［M］．北京：中央民族学院，1957.

［2］戴庆厦．中国民族语言文学研究论集 1［M］．北京：民族出版社，2001.

［3］戴庆厦．中国民族语言文学研究论集 3［M］．北京：民族出版社，2002.

［4］戴庆厦．语言和民族［M］．北京：中央民族大学出版社，1994.

［5］道布．蒙古语简志［M］．北京：民族出版社，1983.

［6］道布．道布文集［M］．上海：上海辞书出版社，2005.

［7］德力格尔玛、波·索德．蒙古语族语言概论［M］．北京：中央民族大学出版社，2006.

［8］高莲花．蒙古语短语结构——在最简方案框架内的研究［M］．北京：中国社会科学出版社，2020.

［9］哈米提．现代维吾尔语语法［M］．北京：民族出版社，1987.

［10］［苏联］H. A·巴斯卡科夫．阿尔泰语系语言及其研究（陈伟、周建奇译）［M］．呼和浩特：内蒙古教育出版社，2004.

［11］吉木斯、特·额尔敦陶克套．中国蒙古学研究概论［M］．沈阳：辽宁出版社，2002.

［12］兰司铁．阿尔泰语言学导论［M］．北京：中国社会科学出版社，1981.

［13］力提甫·托乎提．维吾尔语及其他阿尔泰语言的生成句法研究［M］．

北京：民族出版社，2001.

［14］力提甫·托乎提．从短语结构到最简方案——阿尔泰语言的句法结构［M］．北京：中央民族大学出版社，2004.

［15］力提甫·托乎提．最简方案——阿尔泰语言的句法结构［M］．北京：中央民族大学出版社，2017.

［16］黎锦熙．新著国语文法［M］．北京：商务印书馆，1955.

［17］买提热依木．突厥语言学导论［M］．北京：民族出版社，2004.

［18］蒙古语文研究参考资料（第1辑）［M］．呼和浩特：内蒙古大学蒙古语文研究室，1974.

［19］蒙古语文研究参考资料（第3辑）［M］．呼和浩特：内蒙古大学蒙古语文研究室，1976.

［20］蒙古学百科全书（语言文字卷）［M］．呼和浩特：内蒙古人民出版社，2004.

［21］孟达来．北方民族的历史接触与阿尔泰诸语言共同性的形成（日本留学博士丛书）［M］．北京：中国社会科学出版，2001.

［22］N·Poppe. 阿尔泰语言学导论［M］．呼和浩特：内蒙古大学出版社，2004.

［23］内蒙古师范大学蒙古语言文学研究所．蒙古学研究论文集［M］．呼和浩特：内蒙古文化出版社，1992.

［24］清格尔泰．蒙古语语法［M］．呼和浩特：内蒙古人民出版社，1992.

［25］乔姆斯基．乔姆斯基语言学文集［M］．长沙：湖南教育出版社，2006.

［26］［苏联］桑席叶夫．蒙古语比较语法（陈伟等译）［M］．北京：民族出版社，1959.

［27］石定栩．乔姆斯基的形式句法——历史进程与最新理论［M］．北京：北京语言文化大学出版社，2002.

［28］温宾利．当代句法学导论［M］．北京：外语教学与研究出版社，2002.

［29］［波兰］W·科特维奇．阿尔泰诸语言研究［M］．呼和浩特：内蒙古教育出版社，2004.

［30］徐烈炯．生成语法理论［M］．上海：上海外语教育出版社，1998.

[31] 徐杰．普遍语法原则与汉语语法现象［M］．北京：北京大学出版社，2004.

[32] 徐思益．语言研究探索［M］．北京：商务印书馆，2009.

[33] 白梦璇．蒙古语助动词与英语助动词的比较［J］．内蒙古大学学报，2001（11）．

[34] 巴·萨日娜．《蒙古语语法信息词典》动词语法属性字段设置［J］．内蒙古大学学报，2005（11）．

[35] 白·斯日古楞．蒙古语常用动词语义研究［D］．中央民族大学硕士学位论文，2008.

[36] 包满亮．蒙古语构形词缀研究［D］．中央民族大学博士学位论文，2007.

[37] 陈丹．对乔姆斯基语法理论的回顾及浅析［J］．文教资料，2009（6）．

[38] 戴曼纯．最简方案框架下的存在句研究［J］．外国语，2001（1）．

[39] 戴曼纯．从X杠理论到光杆短语结构理论：关于废除短语结构理论不合理成分的论证［J］．现代外语，2002（4）．

[40] 戴曼纯．最简方案框架下的句法新理论［J］．外国语言文学，2007（2）．

[41] 道布．蒙古语语缀杂谈［J］．北京首届蒙古语言文化学术研讨会“论文提要”，2006（11）．

[42] 德力格尔玛．表现动词义位组合关系的形态标志——蒙古语动词的连接形［J］．民族教育研究，1999（1）．

[43] 德力格尔玛．论蒙古语构形法归属问题［J］．中央民族大学学报，2001（5）．

[44] 德·青格乐图．蒙古语复合词的语法属性描述［J］．内蒙古师范大学学报，2003（8）．

[45] 高莉琴．试论维吾尔语动词的体［J］．新疆大学学报，1985（2）．

[46] 高莉琴．谈谈维吾尔语的短语及其结构［J］．语言与翻译，1986（4）．

[47] 高莉琴．论维吾尔语动词的构成［J］．语言与翻译，1997（3）．

[48] 高莉琴．维吾尔语中的空语类［J］．新疆大学学报，2004（9）．

[49] 高莉琴．论维吾尔语动词的构词——构形附加语素［J］．语言与翻译，2007（2）．

[50] 高莲花. 生成句法框架内的蒙古语动词及其句法结构的研究 [D]. 中央民族大学博士学位论文, 2007.

[51] 哈申格日勒. 关于科尔沁土语的延续副动词 [J]. 内蒙古大学学报（人文社会科学版）, 2000 (6).

[52] 户进菊. 论生成语法的句法象似性 [D]. 上海外国语大学博士学位论文, 2006.

[53] 华沙宝. 蒙古语短语标注策略 [J]. 中央民族大学学报, 2003 (5).

[54] 乐·色音额尔敦. 蒙古语族语言中一些副动词附加成分的来源及构成方式 [J]. 内蒙古社会科学, 1995 (6).

[55] 李京廉. 生成语法中的控制理论研究 [J]. 北京理工大学学报（社会科学版）, 2004 (6).

[56] 力提甫·托乎提. 维吾尔语的关系从句 [J]. 民族语文, 1995 (6).

[57] 力提甫·托乎提. 维吾尔语格的省略和 X 标杆理论 [J]. 民族语文, 1999 (2).

[58] 力提甫·托乎提. 维吾尔语动词的分类——试探动词的句法-语义功能 [J]. 民族教育研究, 1999.

[59] 力提甫·托乎提. 阿尔泰语言构形成分的句法层次问题 [J]. 中央民族大学学报, 2002 (6).

[60] 力提甫·托乎提. 轻动词理论与维吾尔语动词语态 [J]. 民族语文, 2004 (6).

[61] 力提甫·托乎提. 生成语法框架内的维吾尔语句法 [J]. 民族语文, 2005 (6).

[62] 力提甫·托乎提. 重新认识阿尔泰语功能类的句法属性 [J]. 民族语文, 2015 (2).

[63] 刘丹青. 形容词和形容词短语的研究框架 [J]. 民族语文, 2005 (5).

[64] 刘丹青. 名词短语句法结构的调查研究框架 [J]. 汉语学习, 2006 (2).

[65] 刘明. 题元角色与及物性参与者对比分析及研究 [J]. 江西科技师范学院学报, 2007 (8).

[66] 贾晞儒. 关于蒙古语状语的几个问题的讨论 [J]. 青海民族研究,

2004（1）.

［67］木再帕尔．论维吾尔语的名词化短语——在生成语法框架内的研究［D］．中央民族大学博士学位论文，2007.

［68］木哈白提·哈斯木．论现代维吾尔语动词的若干特殊附加成分的分布与功能［J］．语言与翻译，1997（1）.

［69］彭家法．附加语的句法位置［D］．北京语言大学博士学位论文，2007.

［70］清格尔泰．论蒙古语动词［J］．内蒙古大学学报，1963（2）.

［71］清格尔泰．关于句法结构分析［J］．内蒙古大学学报，1986（2）.

［72］石定栩．生成语法的界面关系研究——起源、发展、影响及前景［J］．外语教学与研究，2020（5）.

［73］苏日娜．蒙古语与日语的使动态和被动态的比较研究［J］．语文学刊，2007（12）.

［74］苏日娜．试论蒙古语引语归类问题［J］．内蒙古民族大学学报，2008（3）.

［75］苏日娜．蒙古语词汇的语类划分［J］．呼伦贝尔学院学报，2008（4）.

［76］孙文统．接触理论：生成语法研究的新进展［N］．中国社会科学网-中国社会科学报，2020-9-10.

［77］特图克．蒙古语基本语法范畴［J］．内蒙古民族师范学院学报，1997（2）.

［78］特图克．再论蒙古语名动词［J］．内蒙古民族大学学报，1982（2）.

［79］特图克．关于蒙古语句子以谓语为中心问题［J］．民族语文，1995（4）.

［80］特图克．关于蒙古语动词词组问题的思考［J］．民族语文，1998（6）.

［81］特图克．蒙古语句子结构系统［J］．民族语文，1999（5）.

［82］佟和龙．转换-生成语法中的控制理论解析［J］．淮南师范学院学报，2010（12）.

［83］许伊娜．从维吾尔语副动词的功能特征看突厥语副动词范畴［J］．民族语文，1997（4）.

［84］许伊娜．从对比角度看维吾尔语副动词多谓项结构［J］．语言与翻译，1998（2）.

［85］许伊娜．维吾尔语中的第二性副动词形式［J］．新疆大学学报，1999（12）．

［86］许伊娜．阿尔泰诸语句法类型及副动词范畴［J］．民族语文，2001（1）．

［87］徐烈炯．管辖与约束理论［J］．国外语言学，1984（2）．

二、蒙文类著作、论文

［1］［蒙古］巴来希里．现代蒙古语句法学［M］．乌兰巴托：1989.

［2］宝·哈斯巴根．现代蒙古语动词句研究．［M］．北京：民族出版社.1995.

［3］［蒙古］波·鄂巴桑等（色·嘎日迪转写）．现代蒙古语词法结构［M］．呼和浩特：内蒙古教育出版社，1992.

［4］［蒙古］博·仁亲（讷默尔转写、确精扎布校）．蒙古语书面语法（一二三册）［M］．呼和浩特：内蒙古人民出版社，1990.

［5］布和吉尔嘎拉、恩和．蒙语语法［M］．呼和浩特：内蒙古人民出版社，1980.

［6］德力格尔玛．蒙古语研究新探［M］．沈阳：辽宁民族出版社，1995.

［7］德力格尔玛．蒙古语语义研究［M］．沈阳：辽宁民族出版社，2001.

［8］额尔敦初古拉、嘎拉桑、图力古尔．现代蒙古语研究［M］．沈阳：辽宁出版社，2005.

［9］嘎日迪主编．现代蒙古语［M］．呼和浩特：内蒙古教育出版社，2001.

［10］高等教育教材．现代蒙古语法［M］．呼和浩特：内蒙古教育出版社，1983.

［11］哈斯额尔敦、那仁巴图．蒙古语基础［M］．长春：吉林人民出版社，1977.

［12］哈斯额尔敦等．现代蒙古语（修订本）［M］．呼和浩特：内蒙古教育出版社，1996.

［13］布仁特古斯．德力格尔杭盖［M］．北京：民族出版社，1997.

［14］布仁特古斯．旷荡的原野［M］．呼和浩特：内蒙古人民出版社，2001.

［15］内蒙古大学蒙古学学院蒙古语文研究所．现代蒙古语［M］．呼和浩特：内蒙古人民出版社，2005.

［16］内蒙古大学蒙古学研究所、蒙古语文研究所．蒙汉词典［M］．呼和浩特：内蒙古大学出版社，2008.

［17］蒙古学百科全书编辑委员会、《语言文字卷》编辑委员会．蒙古学百科全书（语言文字卷）［M］．呼和浩特：内蒙古人民出版社，2004.

［18］［蒙古］普日布敖其尔．现代蒙古语句法组合系统［M］．乌兰巴托：1988.

［19］清格尔泰．现代蒙古语语法（修订版）［M］．呼和浩特：内蒙古人民出版社，1999.

［20］［蒙古］舍·罗布苍旺丹．现代蒙古语［M］．呼和浩特：内蒙古人民出版社，1982.

［21］［蒙古］舍·罗布苍旺丹（满都胡、诺尔金、那仁巴图转写）．现代蒙古语结构语法［M］．呼和浩特：内蒙古教育出版社，1986.

［22］苏德那木．蒙古学研究论文集［M］．呼和浩特：内蒙古师范大学蒙古语言学研究所，1992.

［23］特图克．语言学概论［M］．呼和浩特：内蒙古大学出版社，1987.

［24］宝音乌力吉、巴达玛敖斯．关于蒙古语复合词接加后缀问题［J］．内蒙古大学学报，1996（4）．

［25］包联群．析蒙古语〈Vx irekU（来）〉结构中的〈-ju/-cu；-Gad/-ged〉语法意义［J］．蒙古语文，2004（6）．

［26］策·诺尔金．现代蒙古语动词结构［J］．蒙古语文，1991（1）（2）．

［27］达胡白乙拉．现代蒙古语句法结构树库建设［J］．内蒙古大学学报，2011（6）．

［28］德力格尔玛．论现代蒙古语复句［J］．内蒙古社会科学，1990（1）．

［29］德力格尔玛．蒙古语构词法在句法中的地位［J］．蒙古语言文学，1997.

［30］高莲花．浅谈蒙古语副词化短语［J］．中国蒙古学，2019（1）．

［31］乐·陶格敦白乙拉．《形动词》《副动词》名称的考究［J］．蒙古语

文，2000（12）.

［32］清格尔泰．蒙文文法［N］．内蒙古人民日报，1949.

［33］斯·劳格劳．基于配价语法的现代蒙古语句法的标注方案研究［J］．中国蒙古学，2011（2）.

［34］［蒙古］舍·罗布苍旺丹．关于蒙古语复合句［J］．蒙古语文，1957（2）.

三、外文类著作、论文

［1］［美］Andrew Radford. 最简方案：句法理论与英语结构（英文）［M］．北京：北京大学出版社，2004.

［2］Cresswell. M. J. *Adverbial Modification*. Dordrecht：Reidel，1985.

［3］Chomsky. N. *Syntactic Structures Mouton*，the Hague，1957.

［4］Chomsky. N. *Aspects of the Theory of Syntax*. Camridge，Mass：MIT Press，1965.

［5］Chomsky. N. *Lectureson Government and Binding*，Foris：Dordrecht，1981.

［6］Chomsky. N. *The Minimalist Program*. Cambridge：MIT Press，1995.

［7］I·J·Schmidt. *Grammatik Der Mongolischen Sprche*，1831.

［8］井上和子．変形文法と日本語（上、下）．东京：大修館書店，1976.

［9］栗林均、确精扎布．『元朝秘史』モンゴル語全単語・語尾索引．仙台：東北大学東北アジア研究センター，2001.

［10］三原健一．構造から見る日本語文法．東京：開拓社，2008.

［11］森山卓郎．日本語動詞述語文の研究．東京：明治書院，1988.

［12］N. Poppe，*Grammar of Written Mongolian*，Wiesbaden：Harrassowitz，1954.

［13］田窪行則、稲田俊明、中島平三等．生成文法．东京：岩波書店，1998.

［14］鷲尾龍一．Interpreting Voice：*A Case Study in Lecical Semantics*. 东京：東京株式会社開拓社，1995.

后　　记

历时半年多的修改和完善，《蒙古语副词化短语结构研究》一书即将出版，对此我感到无比欣慰，也激励我继续在语言学及应用语言学研究道路上踔厉奋发，笃行不怠。

在生成语法框架内系统研究现代蒙古语副词化短语结构是一个崭新的研究视角和领域。著者通过研究传统蒙古语“副动词”结构发现，“副动词”的十二种附加成分与名词的“格”一样能表达非常丰富的语法意义，没有它们的参与，语言交流将失去乐趣。因此，诸如“格”“副词化成分”等功能语类的句法功能和句法地位与词汇语类一样重要，今后我还应加强研究。

传统蒙古语语法除了对“副动词”解释有自相矛盾的情况外，“形动词”和“动名词”也存在类似情况。那么这些问题在生成语法框架内进行研究是不是也能迎刃而解？将生成语法应用于现代蒙古语更广阔的领域，解决更多的问题是我今后的努力方向。

本书得以顺利出版，是我的老师、同门师兄弟、出版社编辑和家人指导、关心和支持的结果。首先衷心感谢恩师中央民族大学力提甫·托乎提教授、中国社会科学院朝克教授、日本东北大学栗林均教授等前辈的细心指导和师兄斯琴巴图教授、师弟姚小烈教授的无私帮助；其次衷心感谢中央民族大学出版社策划编辑舒松、责任编辑杨爱新和封面设计舒刚卫等老师，对他们的专业水平和敬业精神我深表敬意；最后衷心感谢我的全体家人，他们无私的奉献、支持、鼓励和包容，是我学术研究的动力源泉，激励我不断进步和提高。

苏日娜

2022 年 10 月于北京